CRIAR SIN COMPLEJOS

© 2017. María Angustias Salmerón Ruiz
© 2018. Ilustraciones de interior y cubierta: Perrine Boyer
© 2018. De esta edición Editorial EDAF, S. L. U.

Diseño de cubierta e interior: Gerardo Domínguez

EDITORIAL EDAF, S.L.U.
JORGE JUAN, 68. 28009 MADRID
http://www.edaf.net
edaf@edaf.net

ALGABA EDICIONES, S.A. DE C.V
CALLE 21, PONIENTE 3323. COLONIA BELISARIO DOMÍNGUEZ
PUEBLA 72180, MÉXICO
jaime.breton@yahoo.com .mx

EDAF DEL PLATA, S.A. CHILE, 2222
1227 - BUENOS AIRES, ARGENTINA
edaf4@speedy.com.ar

EDAF CHILE, S.A.
COYANCURA, 2270, OFICINA 914, PROVIDENCIA
SANTIAGO - CHILE
comercialedafchile@edafchile.cl

El contenido de este libro tiene únicamente una finalidad informativa (sociosanitaria, educativa). No implica ni pretende en ningún caso sustituir el consejo médico. El lector deberá consultar siempre a su profesional sanitario de referencia, para determinar la pertinencia de las recomendaciones en función de su propia situación, o si tiene cualquier pregunta relacionada con un problema o tratamiento médico. El hecho de leer este texto no implica el establecimiento de una relación médico-paciente.

Primera edición: marzo de 2018

ISBN: 978-84-414-3824-8
Depósito legal: M-2342-2018

Impreso en España   Printed in Spain

GRÁFICAS COFÁS. Pol. Ind. Prado Regordoño. Móstoles (Madrid)

CRIAR SIN COMPLEJOS
PARA DISFRUTAR DEL ARTE DE SER PADRES

María Angustias Salmerón Ruiz

MADRID - MÉXICO - BUENOS AIRES - SANTIAGO

2018

ÍNDICE GENERAL

A mis hijas,
de las que
tanto aprendo
cada día.

AGRADECIMIENTOS

A Verónica Fernández, por ser una gran pediatra y mejor persona y amiga, porque sin ella no existiría este libro. Alguien estaba interesado en editar sobre crianza y ella rápidamente pensó que yo podría hacerlo. Gracias por creer en mí y por darme la gran oportunidad de embarcarme en este gran proyecto.

—

A mis pacientes y sus familias, por mostrarme otras formas de criar, otras formas de entender la vida, otros bebés con temperamentos diferentes a mis hijas. Por enseñarme tanto, por tener un reto nuevo cada día y por ser «pacientes» conmigo cuando yo todavía no era madre y recomendaba cosas imposibles.

—

A Óscar, por ser mi incansable compañero, compañero de proyectos personales y profesionales. Por escuchar siempre y animarme en los momentos más difíciles del libro y de la vida. Por releer una y otra vez párrafos sin sentido. Te quiero y nunca podré agradecerte lo que haces cada día por nuestra familia.

A mis hijas, por enseñarme cada día a ser madre y por reinventarme como persona. Sin ellas hubiese sido imposible parar y descubrir los verdaderos placeres de la vida. Por su paciencia infinita cuando mamá tenía que escribir el libro. Sin vuestra existencia este libro carecería de sentido.

—

A mi madre, por ayudarme siempre en todo lo que hago, por ser mi referente en el papel de madre, por hacer un exhaustivo estudio de mercado para el título y por acompañarme en todo el proceso de este proyecto. Te quiero mucho, mami.

—

A Ana Jiménez, por haber sido asesora científica y madre llena de inquietudes que ha enriquecido el contenido del libro, pero, sobre todo, amiga y confidente. Este libro ha supuesto una revolución en mi vida, una oportunidad para parar y encontrarme como madre, como hija y como persona. No sé que hubiese sido de mí sin tus audios, tus llamadas, tus visitas, tus palabras... Gracias.

—

A Lidia Abades, Beatriz Pérez, Aránzazu Pérez y Teresa Redondo, por ser mis asesoras del «contacto» y mucho más... amigas y compañeras. Han sido partícipes de cada avance del libro y hemos descubierto muchas cosas juntas. Y lo mejor, todo lo que nos queda por descubrir...

—

A Arancha González, Belén Marsa, Teresa Martín, María Monjardín, Ana Bañares, María Valladares y Carmen Salmerón, por ser mis madres «experimento». Por leerse los capítulos con ojos críticos y hacer que este libro mejorase y mucho. Gracias, queridas amigas, por cada una de vuestras valiosas aportaciones.

—

A Cristina Puente, José Antonio Luengo, Gonzalo Pin, Javier González y Ana Kovacs, por ser críticos de la parte técnica sin ánimo de lucro. Por vuestro tiempo y valiosas mejoras. «Criar sin complejos» no sería lo que es sin vosotros.

—

A Perrine, por sus ilustraciones llenas de ternura y vida. Por creer en este proyecto y querer colaborar en él desde el inicio. Por ser como eres, por tenerte cerca, a pesar de los años que han pasado desde los «cuentacuentos».

—

A Esperanza, por ser una gran editora y mejor persona. Por atender a todas mis llamadas, dudas e inquietudes fuese a la hora que fuese. Por poner a mi servicio su sabiduría y trabajar codo con codo desde el máximo respeto.

—

Y para finalizar, pido disculpas a todas aquellas personas a las que no haya nombrado y que me hayan ayudado de una u otra forma.

CÓMO LEER ESTE LIBRO

Criar sin complejos es un libro que se ha escrito fundamentalmente para aclarar dudas y conocer qué necesita un bebé desde
el nacimiento hasta los tres años y cómo esas necesidades compiten con las de los padres. Debe leerse como una serie de recomendaciones generales basadas en los últimos estudios y guías
de organismos internacionales, unido a la experiencia de una
pediatra y madre. Sin embargo, no puede sustituir al diagnóstico de un profesional sanitario que haya explorado a un paciente
determinado y que conozca su historial, dada la gran cantidad
de situaciones que pueden darse.

Lo ideal es que se haga una lectura completa inicial y que
se acuda a él cada vez que se tengan dudas sobre los temas
tratados. El orden de lectura recomendable es leer primero los
capítulos uno y dos y luego los restantes; el orden es arbitrario
y se pueden leer en función de los intereses o necesidades de
cada uno.

Cada capítulo tiene una portada inicial con el resumen del contenido y un índice propio más amplio para facilitar la localización del contenido.

Respecto a los términos utilizados cuando me refiero a *madre* o *padre*, hago referencia no tanto al hecho biológico de ser padres, sino a quién ejerce la maternidad y la paternidad (las funciones de madre y padre).

En la actualidad hay muchos modelos de familia: donde ambos progenitores son del mismo sexo, pero un miembro de la pareja es maternal y otro paternal; familias monoparentales donde ambas funciones recaen sobre una misma persona o sobre alguien del entorno cercano; familias con niños en las que hay unos padres que ejercen por un tiempo determinado; o en adopción, donde los padres no son los biológicos... Así que cuando hablo de *padres*, *madre* o *padre* es de aquellas personas que ejercen como tales, independientemente de quien las haya parido o a quien pertenezca el material genético.

PRÓLOGO

Escribir un prólogo a una obra siempre es un reto. Pero también un honor. Y una cosa y otra, reto y honor, se confabulan, sin duda, para hacer de esa experiencia un momento único e insondable. Especialmente cuando se escribe también sobre el trabajo y la aventura de una amiga tan especial como lo es María, la autora de este magnífico texto que está, lector, en tus manos.

Este es un libro especial, pensado y escrito por una granadina que considera a Madrid su lugar de adopción. Pero que no deja de transmitir en cada gesto, palabra o en cada conversación, el acento y la mirada mágicas que atesora esa tierra marcada por su vega, por su maravilloso Genil y por ese macizo que todos conocemos como Sierra Nevada. Y por su fortaleza roja, claro, la Alhambra, que se levanta sobre la colina de la Sabika.

María es granadina y un encanto. Es pediatra, conectando, como ella dice en su blog *mimamayanoespediatra*, dos de sus grandes pasiones, la medicina y la infancia. María sonríe mucho; ella es así. Y sus ojos se iluminan cuando lo hace. Es decir, que se iluminan mucho a lo largo del día. Y, claro, iluminan también a aquellos a quienes mira. Con quienes habla. Y a quienes atiende en su consulta diaria. La conocí un día intentando reconocer su acento andaluz. ¿De dónde eres?, pensé. Al final se lo acabé preguntando directamente. Y ahí empezó nuestra amistad, y no solo colaboración.

El libro que me honro en prologar es un libro muy de ella; de como es ella. De como ella piensa, hace y siente las cosas. Es un libro preciso, diverso, detallado, profesional. Y también lo es amable, cariñoso, afectuoso, cercano... Y sensible. Muy sensible. Y así tiene que ser cuando trata de lo que trata. Y va dirigido a quien va dirigido. Saber ser padres, saber amar incondicionalmente y saber acompañar el largo y complejo trayecto de los primeros años de nuestros hijos son, probablemente, los ejes transversales de este texto.

La autora introduce y desarrolla, asimismo, temas como la necesidad de contacto piel con piel con nuestros hijos, el sueño y sus secretos, claves para una nutrición sana y equilibrada, el papel del acompañamiento de los adultos y otros miembros de la familia en el contexto de crecimiento y continua maduración de los pequeños y, por supuesto, la atención y el cuidado en situación de enfermedad, las urgencias pediátricas y los primeros auxilios.

No es este un libro exento de aspectos técnicos. María nos los presenta e introduce. Los incluye, considera y trata. Pero lo hace también a su modo, como es ella, como suele trasmitirlos a los padres con los que trabaja y a los que atiende. Que se entienda todo. Que lo que cuente se comprenda y se incorpore al día a día de la práctica del cuidado, atención y educación de nuestros hijos.

María ha escrito un libro con una pretensión, estimo, muy saludable. Pretende introducirnos en el difícil arte de ser padres razonables, atentos y equilibrados. Que ejerzan lo que se entiende por parentalidad positiva. Es también un libro sobre el apego y vínculo, sobre la empatía y el amor incondicional. Y sobre el respeto profundo a las vidas de nuestros hijos.

Es un libro sobre *el buen trato*. Una manera de ser, estar y hacer con nuestros hijos que favorezca su desarrollo sano, con la adecuada autoestima. Una experiencia, la de ser padres, nutrida y cargada de valores ligados a la bondad, la ilusión, la entrega, el cariño, la mirada tierna y serena, la escucha, la comprensión, la paciencia, la flexibilidad, el compromiso...

En el presente libro la autora quiere contribuir a superar mitos inefables en la historia del cuidado de nuestros pequeños, tumbar leyendas y poner muchas cosas en su sitio. Las que la experiencia y la evidencia científica han ido mostrando sin solución de continuidad. A partir de las necesidades de un bebé y cómo estas compiten con las de los padres como adultos, la autora introduce claves para la reflexión y la acción, empezando por la importancia de conocerte a ti mismo y conocer a tu hijo para disfrutar de la crianza, de esta época maravillosa, pero también cargada de inquietudes y desasosiegos.

Se trata de abrir la puerta para mirar de frente a la experiencia, sin dar normas, ni dogmas, ni nada por sentado. Se trata de ofrecer opciones, vías para crear tu propio escenario, tu propia perspectiva, con conocimiento, sin angustias ni desesperanzas.

Ser padre, o madre, es abrir una gran ventana a la felicidad. A la ilusión. No exenta de dudas e incertidumbres, por supuesto, pero una experiencia mágica que anida, acuna, calienta, protege y acompaña el crecimiento y desarrollo de esos pequeños que, así, casi de un día para otro, inundan de olores nuestra casa. De rutinas también. Pero con su mirada. Con su sonrisa incipiente, sus ojos abiertos, su indisimulado interés por todo lo que surge, se mueve y opera a su alrededor. Con sus deditos agarrando los nuestros.

Gracias María por compartir tu sabiduría con el lector y todos nosotros, los que te conocemos y queremos, los que acuden a tu consulta cada día… Y los que te hablan solo mirándote. Cuando los tienes en tus brazos.

Por **José Antonio Luengo Latorre**
Psicólogo, Secretario de la Junta de Gobierno
del Colegio de Psicólogos de Madrid.
Profesor de la Universidad Camilo José Cela.

INTRODUCCIÓN

Me di cuenta, tras nacer mi segundo hijo,
de que no es que yo fuera una buena madre,
sino de que mi primera hija era una santa.
María Valladares. Madre de dos hijos.

La maternidad y paternidad es una de las facetas más difíciles del ser humano y, sin embargo, es quizás en la que más nos exigimos y nos exigen. ¿Eres una amiga o pareja perfecta? ¿Entonces por qué pretendes ser la madre sin defectos y tener el mejor hijo del mundo? Si tu hijo es humano y tú también lo eres, lo lógico es aceptar que será un camino apasionante pero no exento de momentos mágicos y grandes dificultades.

La maternidad llegó a mi vida tras siete años de pediatría, con conocimientos científicos y teóricos, pero cuando una es madre llega lo más difícil, la parte práctica. Ser madre revolucionó mi vida personal y también mi vida profesional. Me permitió ponerme en el lugar de cada madre o padre que venía a mi consulta y saber que dejan en mis manos lo que más quieren: sus hijos. El tener a mi hija entre mis brazos me hizo amar y respetar profundamente mi profesión.

Si he aprendido algo en mi corta e intensa maternidad es a aceptarla sin complejos, a no exigirme más de lo que soy capaz de ofrecer. En mi caso creo que la maternidad, en muchos aspectos, me ha llevado al límite y me ha hecho conocer mis grandes defectos y virtudes, de los que ni siquiera era consciente de su existencia. He desarrollado una capacidad increíble de relativizar los problemas, de paciencia infinita, de que me importa muy poco qué pensarán los demás, de saber cuáles son mis límites y, lo que creo que es más importante, de un humor sarcástico que me permite reírme de mí misma y de toda mi familia. ¿Qué sería de la maternidad si no fuésemos capaces de afrontarla con humor?

Otra gran enseñanza ha sido llegar a comprender qué significa querer a otro sin condiciones. Es muy distinto el hijo que deseas, al hijo que tienes. Hará cosas que llegarán a desesperarte, en las que estarás en total desacuerdo, otras te harán plantearte si estabas en lo cierto. Independientemente de todo y, haga lo que haga, seguirá siendo tu hijo y tendrás que aceptarlo tal y como es, con aquello que te guste y con lo que te desagrada.

El embarazo, entre otras cosas, es ese periodo donde imaginas cómo será tu hijo y tu vida tras su nacimiento. En la mayoría de las ocasiones en los padres primerizos existe gran diferencia entre lo que uno imagina y lo que la realidad posterior le presenta, porque se desconoce lo que realmente significa ser padre o madre hasta que llega el momento.

Nos dan cursos de preparación al parto, pero nadie te explica cómo funciona un bebé, ni los cambios que van a acontecer en tu vida tras el nacimiento o cómo estar preparada para las miles de críticas que recibirás, hagas lo que hagas, incluso de personas que no tienen hijos.

Recuerdo los primeros días de mi hija en casa como si fuese ayer; tuvimos la suerte de estar acompañados tras el parto. Fue el tiempo suficiente como para lograr mi recuperación física, pero llegó lo inevitable y nos quedamos los tres solos; el padre, la madre y la hija para afrontar la casa, la comida, la lactancia, nuestro propio cuidado y el de un recién nacido que requiere a una persona disponible física y emocionalmente las 24 horas del día, tarea nada sencilla y agotadora.

Pronto el barco comenzó a hacer aguas. Había días en que su padre regresaba del trabajo y yo estaba «en el mismo lugar» en el que me había dejado diez horas antes: sin duchar y con el pijama puesto, una maravilla. Había días en los que no tenía tiempo para nada que no fuese mi bebé y mi cuidado básico. Sentía que estaba desbordada y me preguntaba quién me habría mandado meterme en la maternidad. Era una mezcla de cansancio extremo, impotencia, rabia e indefensión.

Yo era plenamente consciente de que mis sentimientos eran normales y no tenían solución, era cuestión de esperar a que el bebé madurase y fuese menos dependiente. Mi esperanza al compartirlo era que me escucharan sin juzgar y se apiadasen de mis sentimientos, pero en la mayoría de las ocasiones no fue así. Muchas veces el apoyo recibido venía cargado de «consejos» que me hacían enloquecer. Eran opuestos entre sí, en muchas ocasiones alejados de nuestra propia realidad, porque eran incompatibles con las necesidades de mi hija y alejados de mi propia forma de ser. Cuando intentaba expresar lo difícil que estaba siendo la maternidad, parecía que no tenía derecho a «quejarme», era en cierto modo un sueño cumplido y totalmente voluntario; «me lo merecía». Da la sensación de que las emociones negativas y la maternidad son incompatibles, cuando realmente es la norma, como en cualquier otra faceta de la vida. Sería maravilloso que se pudiese hablar de lo bueno y lo malo con total naturalidad para darle una salida, para seguir avanzando.

Nuestro principal problema era el sueño, nuestra hija tenía múltiples despertares. Cuando digo «múltiples», me refiero a incontables, era extenuante. Aunque nos dividíamos la noche para que ambos pudiésemos descansar al menos tres horas seguidas, era muy complicado conseguirlo. Nos pasábamos el día como zombis, deseando que llegara el momento de poder dormir fuese la hora que fuese. Yo pensaba que si la falta de sueño se prolongaba unos meses más moriría.

Una de las etapas más duras con el sueño fue esa época, en torno a los cuatro meses, en la que se supone que todo bebé debe dormir de un tirón por los dichosos cereales. Muchos decidieron dar su opinión, me volvieron loca: «estás acostumbrando muy mal a Julia», «si sigues así nunca dormirá sola», «eso lo hace porque demanda tu atención», «eres demasiado blanda» y yo qué sé cuántas barbaridades más.

Los consejos y las opiniones del entorno no me ayudaban a solucionar el problema, así que cada minuto que tenía libre lo dedicaba a intentar informarme de si lo que le pasaba a mi hija era normal o no y si yo estaba haciendo algo mal que provocara esos despertares nocturnos frecuentes. He leído a Estivil, a la guía para tener a bebés tranquilos y felices, a Rosa Jové, a Carlos González, he visitado foros de madres y mil y una página de internet dedicadas al sueño infantil. Realmente ninguna de las fuentes de información me servía al 100% y en el fondo, en muchas ocasiones, por uno u otro lado, me sentía juzgada. Cada cosa interesante que descubría la copiaba y se la mandaba por *email* a su padre, porque necesitaba compartirlo al segundo, no se podían perder mis grandes descubrimientos.

El sueño fue el problema central en nuestro caso, pero es tan solo una muestra de los mitos a los que tuvimos que hacer frente y buscar respuestas. Está claro que no encajábamos en ningún tipo de crianza, porque nos han juzgado desde un lado y desde el contrario. He dado lactancia materna hasta los 12 meses, pero con muchos biberones de por medio porque necesitaba algún tiempo para mí y porque luego me incorporé al trabajo. Cogí a mi hija todo lo que me apetecía porque yo soy muy cariñosa y notaba que así ella lloraba menos. Hicimos colecho por la dureza de nuestra lactancia pero tuve que dejar de hacerlo porque mi hija se asaba y yo me moría de frío; es calurosa como su padre. Hemos utilizado portabebés, en algunas épocas casi todo el tiempo, y el carrito, y así podría poner miles de ejemplos. Me han llamado «loca de la teta», «usa la teta de chupete», «lo vuestro no es lactancia exclusiva», «no la cojas tanto que se acostumbra», «no tiene suficiente contacto, así no tendrá un apego seguro», «la llevas en pañuelos como los *hippies*, la vas a asfixiar» y un largo etcétera. En el momento, dependiendo de la relación que me uniese a la persona que lo dijese, los sentimientos podían ser muy diversos en intensidad e ir desde la más absoluta indiferencia a la culpabilidad, las lágrimas o incluso el dolor.

Así nació el blog *«mi mamá ya no es pediatra»*; a modo de terapia, de blog protesta para acallar los mitos de crianza, para intentar dar respuestas, y de la necesidad de que el mundo se enterase de todo aquello que estaba aprendiendo. Sentía la necesidad de ayudar a otros padres, mi objetivo es que tuviesen un lugar donde encontraran respuestas con base científica sin ser juzgados, para que nadie más pasase por la angustia que yo había vivido. Me resultaba increíble que pudiese haber tantas «certezas» extendidas que son absolutamente falsas y sin ninguna base científica. Todo ello me permitió un nuevo enfoque como pediatra y como madre: no juzgar y no dar consejos, sino escuchar y acompañar desde el más absoluto respeto.

Hay muchos libros que aconsejan a los padres sobre lo que se debe o no se debe hacer, pero hay pocos que pongan al niño en el centro y traten de explicar sus necesidades dándoles voz. No tiene sentido centrarse en un tipo de crianza, porque generalmente en el binomio padre o madre e hijo hay muchos tipos de crianzas y muchos pasos intermedios, en realidad, nada puede dar respuesta a todas las necesidades de los padres y del bebé porque cada padre, al igual que cada bebé, es distinto.

¿Y en qué lugar quedan los bebés y los niños? Los verdaderos protagonistas de todo esto son los grandes olvidados. Las críticas, los mitos y en muchos casos la incomprensión provocan en los padres inseguridad, miedo de no hacer las cosas bien, abandonar el instinto y llegar a una crianza con la que realmente no se sienten cómodos.

El libro que tienes ahora entre tus manos es el que a mí me hubiese gustado encontrar cuando me sentí tan perdida en mi primera maternidad. Un libro que no nos juzgase como madre o padre, que no nos diera recetas de cómo hacer las cosas. Una fuente de información de donde pudiésemos aprender cuáles son las necesidades del bebé, con el apoyo de la ciencia para desmontar los mitos que tanto daño nos hacen. Sin posicionamientos, sin culpabilidades y tratando todos esos temas que muchas veces nadie explica. ¿Sabías que los bebés tienen múltiples despertares porque es un proceso madurativo y todos llegarán a dormir la noche de un tirón? ¿Alguien te ha hablado de la importancia de coger a tu bebé, mejor si puede ser con algún espacio de piel descubierta, tanto si has elegido dar el biberón como lactancia materna? ¿Te dijeron que el pecho cumple una función de succión no nutritiva y que hay que cubrirla y que esa es la razón de que los niños alimentados con biberón necesiten el chupete y los que toman lactancia materna generalmente no lo quieren? ¿Conoces la importancia de que los bebés coman texturas antes de los ocho meses para el desarrollo del lenguaje y no tener aversión a los sabores ni a las texturas? Asimismo, se tratará el sueño como un proceso madurativo que va modificándose hasta los tres años de vida, el contacto como lugar de refugio y seguridad, la alimentación como un proceso de aprendizaje, la parentalidad positiva, entre otros.

Una vez se conozcan las necesidades, el cómo cubrirlas depende de ti, de cada familia. Lo importante es sentirse cómodo con lo que haces y encontrar el camino que mejor se adapte a tu familia.

Este libro es el fruto de muchas inquietudes personales y de mi entorno, de muchas horas buscando información para tratar de dar respuestas. De grandes alegrías y momentos muy duros. Es el resultado de la necesidad de gritar al mundo que tenemos que normalizar el cuidado de nuestros hijos aprendiendo a escucharlos y cubriendo sus necesidades, sin olvidar que también tenemos que cubrir las nuestras. No tenemos que tratar de ser perfectos nosotros ni nuestros hijos, porque la perfección en el ser humano es irreal. Hay que disfrutar de los buenos momentos, que son muchos, y aprender de los malos, y la sociedad debe permitir que las emociones negativas puedan ser compartidas y escuchadas sin necesidad de dar consejos como si fueran verdades absolutas ni juzgar, porque probablemente lo que te ha servido a ti con un hijo no te sirva para aplicarlo con el segundo.

Bienvenidos, recorramos juntos el camino apasionante de conocer las necesidades del bebé y cómo compatibilizarlas para poder cubrir también las tuyas como adulto. Espero que sea útil y que ningún padre vuelva a sentirse solo en este camino apasionante.

Te invito a que compartas tus sensaciones y sentimientos cuando leas este libro **#criarsincomplejos**. Entre todos podemos revolucionar el arte de ser padres.

CAPÍTULO I

La necesidad de ser padres

Hay un momento en la vida en la que necesitas ser PADRE o MADRE y tener un hijo. En ese momento se ponen en marcha cambios en tu día a día y en tus rutinas para conseguir lo que probablemente ahora sea tu principal objetivo. Con el test positivo algo cambia y empiezas a imaginar cómo será tu bebé y tu nueva vida junto a él.

Tras el nacimiento, cuando tengas a tu bebé en brazos comenzará una aventura trepidante. Una etapa nueva llena de aprendizajes y, como todo aprendizaje, con errores y rectificaciones. Ser padres no es intuitivo ni de sentido común. ¿Quieres averiguar qué es la necesidad de ser padres y cómo afrontarla?

CONTENIDO DEL CAPÍTULO

La gente habla de la mayoría de edad.
Eso no existe. Cuando uno tiene un hijo, está
condenado a ser padre durante toda la vida.
Son los hijos los que se apartan de uno.
Pero los padres no podemos apartarnos de ellos.

Graham Greene

¿Qué es la necesidad de ser padres?

La necesidad de ser padres comienza en el momento en el que tomas la decisión de que quieres ser padre o madre. Supone una revolución porque ese deseo que había estado presente gran parte de tu vida se convierte en una necesidad. Es un proceso complejo que conlleva múltiples cambios tanto a nivel físico como psicológico.

El ser padres no es instintivo, no es algo de sentido común. No se nace sabiendo ser padres, no hay manuales de instrucciones. Por ello, es un «arte» que se expresa en función de cómo seamos, de cuáles sean nuestros recuerdos de la infancia, de cómo queremos ser en este nuevo papel y de nuestros deseos y necesidades del presente. Vamos aprendiendo poco a poco a la vez que van creciendo nuestros hijos. Es un *aprendizaje propio*, porque nada de lo que nos puedan contar o explicar nos servirá al 100%, porque nuestra realidad es única, porque nadie tuvo nuestro pasado ni tiene nuestro presente. Se basa en la *experiencia* e inevitablemente está lleno de dudas, miedos, incertidumbres y equivocaciones, como todo aprendizaje, y no pasa nada, porque siendo padres también tenemos el derecho a rectificar.

Del deseo de ser padres a la llegada del bebé

Del deseo a la necesidad de ser padres

En el reino animal el hecho de tener crías es un acto biológico que viene determinado por la capacidad que tienen la hembra y el macho de ser fértiles. Si eres fértil, tendrás crías, porque una vez que se active el sistema hormonal, el instinto hará el resto.

En el caso de los seres humanos es un hecho que va más allá de la biología, viene marcado por el deseo de ser padres. Cuando una persona comienza la búsqueda del bebé, la biología puede facilitar el proceso o ser un impedimento que provoque un enorme sufrimiento. En estos casos existen otras opciones, como los tratamientos de fertilidad o la adopción; sin embargo, llegar a ser padres bajo estas circunstancias provoca otros retos y dificultades, como el dolor por no haber conseguido un embarazo o las pérdidas sucesivas que pueden acontecer tras varios tratamientos de fertilidad.

Ser padres es algo que rebasa la biología, es mucho más profundo. La necesidad de ser padres puede estar o no dentro de nosotros. Es una elección muy personal de cada uno.

El deseo de ser padres comienza mucho antes de lo que podamos imaginar. Alrededor de los dos años y medio ya nos sentimos niños o niñas y comienza como «un simple juego».

Poco a poco el deseo va madurando; durante la infancia se llena de vivencias y detalles, quedando paralizado durante la adolescencia, por toda la revolución que en sí misma supone. En la edad adulta, de repente, sin saber muy bien el porqué, el «deseo», pasa a ser una «necesidad». La necesidad puede no estar presente si el bebé llega pronto o antes de lo esperado, pero a medida que el proceso de búsqueda se hace más largo esa necesidad es más acuciante.

El embarazo irrumpe en nuestro proyecto de vida provocando una revolución que hará que todo se reorganice: desde la parte más física hasta lo más íntimo, comenzando a imaginar cómo será nuestra vida cuando llegue el bebé.

El embarazo: comienza la formación de una nueva identidad

El embarazo es un *periodo de preparación para ser padres.* Por un lado, el feto se va formando y con dicho crecimiento el cuerpo de la madre va cambiando poco a poco. Por otro, a la vez que va formándose el bebé vamos preparándonos psicológicamente e imaginamos cómo será nuestro bebé y cómo seremos nosotros como padres.

Hay preguntas que todos los padres se hacen: ¿cómo será mi hijo?, ¿estará sano?, ¿cómo será el parto?, ¿cómo seré como madre o como padre?, ¿cómo será mi pareja como madre o como padre?, ¿qué pasará con el resto de mi vida?, ¿cómo afectará la llegada del bebé a mi pareja, a mi faceta profesional, a mi familia, a mis amigos? Cada persona lo vive de un modo diferente, bien suponiendo una gran revolución en sus vidas, o bien de una forma más lenta y gradual. Ocupan gran parte de los pensamientos, de los sueños y también de las pesadillas. Daniel Stern decía: «*De este modo cada madre construye al bebé que desea, pero también al que teme tener*, de este modo "se enfrenta" a las diferentes situaciones por las que puede transitar la maternidad».

En el embarazo hay tres fases diferentes que permiten poco a poco el nacimiento de la nueva identidad, la identidad materna:

- *Hasta la semana 12 o primer trimestre del embarazo.* Es una etapa centrada en el *miedo de una posible pérdida* y, en general, no se piensa específicamente en el bebé que se va a tener. Esto es especialmente intenso en madres que han sufrido una pérdida gestacional (Ver apartado «Un nuevo embarazo tras la pérdida» de este capítulo). Es una manera de protegerse emocionalmente por si se pierde al bebé esperado, pero en realidad, pienses o no en el futuro, es inevitable que te unas afectivamente al bebé. En caso de pérdida antes de la semana 12 el dolor es igualmente intenso.

- *Desde el 3er mes hasta el 8º o 9º mes de embarazo. Es la etapa en la que se da rienda suelta a la imaginación* una vez que hay cierta seguridad de la viabilidad del feto (cuando se visualiza en la ecografía la forma que se empieza a asemejar a la de un bebé, y aún de forma más intensa cuando alrededor de la semana 20 comienzan los movimientos fetales). El futuro bebé comienza a estar más presente, lo que da lugar a la posibilidad de poder imaginar cómo será nuestro hijo y la vida futura con él. Se crea un bebé que es imaginario y es imprescindible para poder ir construyendo nuestro papel de madre o padre, porque permite que el embarazo se convierta en un «laboratorio» donde iremos planteando nuestras dudas e imaginando qué haremos o cómo será nuestra vida cuando haya nacido él; esta es la forma que tenemos de prepararnos psicológicamente para ser padres. El proceso tiene matices diferentes para la madre y para el padre. Generalmente la figura materna lo vive como un proceso mucho más intenso y más relacionado con su relación madre-hijo y cómo influirá esa relación y necesidad de cuidado en otras facetas de su vida. En la figura paterna el proceso está más centrado en el deseo de que todo salga bien, es un instinto más de protección hacia la madre y hacia el bebé. En esta etapa también es frecuente que se le hagan atribuciones propias, tanto en el aspecto físico como a nivel de personalidad: «se mueve mucho, no va a parar quieto», «parece tranquilo, se parece a su padre» e incluso el deseo de cómo será según nuestras propias expectativas: «le encanta la música porque se mueve más cuando se la pongo». El ser consciente de cuáles son las expectativas que nos creamos de nuestros hijos (son nuestras y no suyas), que son necesarias, pero no siempre tienen por qué cumplirse o ajustarse a la realidad, nos permitirá no convertirlas en una carga para ellos. *Los hijos nacen para vivir su propia vida y alcanzar sus propias expectativas, no las nuestras* (Ver capítulo «La necesidad de amor incondicional»). En general, esta es la etapa del embarazo que más se disfruta porque física y psicológicamente la madre se encuentra bien.

Hay diferentes *situaciones que pueden impedir que una madre dé rienda suelta a su imaginación*: un embarazo con complicaciones, una pérdida en el segundo o tercer trimestre, una muerte perinatal… En estos casos las madres pueden notar dificultades para disfrutar del embarazo, imposibilidad para relacionarse o vincularse con el bebé, generando un sentimiento de culpa y deseando que llegue el final del embarazo para poder ver a su bebé real. El embarazo acaba con el alivio de que ha llegado el final y con la frustración de no haber podido disfrutarlo. *Es especialmente importante que el personal sanitario que acompaña durante el embarazo sea sensible al daño emocional que puede producir* tanto a la madre como a la relación inicial madre-bebé la posibilidad de un bebé con problemas de salud. Es mejor esperar a tener una seguridad mínima antes de transmitir la información, y ser especialmente cuidadosos en la manera de hacerlo.

- *8º y 9º mes de embarazo.* Está centrado en *el miedo al parto y en que algo pueda ocurrirle al bebé.* La imagen del bebé imaginario comienza a desvanecerse para que la madre, cuando nazca su bebé real, pueda vincularse al bebé real sin tener al imaginario tan presente. Es frecuente tener pensamientos o pesadillas relacionadas con dificultades inimaginables en el parto o con problemas de salud importantes en el bebé. Es un periodo marcado por una relación muy estrecha entre el bebé y la madre, dejando incluso a la pareja lejos de esa unión.

En el caso de bebés prematuros los padres sufren por muchos motivos: no hay tiempo para que el bebé imaginario desaparezca, teniéndolo demasiado presente; el recién nacido tiene que ser ingresado lejos de sus padres sin poder tener todo el contacto que todos necesitan; es cuidado por otras personas que son más capaces de hacerlo; no han tenido tiempo de vivir la recta final de embarazo, centrado en el miedo al parto o en que el bebé pueda tener algún problema de salud, por lo que no han podido prepararse; hay sensación de frustración, porque, aunque haya sido inevitable, intenta buscar la causa (aunque realmente no existe) de por qué no se ha podido llegar a término en ese embarazo… Es una experiencia muy dolorosa que marcará el inicio de la relación entre los padres y el bebé.

El nacimiento como el lugar de encuentro

El parto es el momento en el que existe un encuentro íntimo y real entre los padres y el bebé. Tras el parto se inicia un proceso de separación y la madre comienza a darse cuenta de que el bebé es una persona diferente a ella misma.

El parto o la cesárea son en sí mismos situaciones límite que escapan al control de los padres. Tras el nacimiento del bebé hay una mezcla de cansancio, liberación y paz: «el bebé está con nosotros y tanto él como la mamá están bien». Lo que parecía en el embarazo que era el final, en realidad es solo el principio de un camino nuevo que es ser padre o madre. Lo que ha finalizado es la primera etapa, la de preparación, y se comienza con una nueva que durará el resto de nuestra vida.

Simplemente con el nacimiento del bebé no aprendemos cómo ser padres de forma automática, sino que ese acontecimiento marca el inicio de un proceso de aprendizaje. Además, hay aún un periodo de adaptación hasta que los padres se dan cuenta de que ellos son los principales cuidadores del bebé y lo que esto supone. En las primeras horas hay una serie de acontecimientos que permiten que los padres poco a poco se vayan dando cuenta de lo que ha ocurrido: el primer llanto del bebé, la primera mirada, el contacto piel con piel, el inicio de la lactancia… son momentos únicos que llevan a los padres a tener señales inequívocas de que el bebé ya está con ellos y por tanto son PADRES, y de ellos depende directamente la supervivencia del bebé y sienten una mezcla de responsabilidad y miedo ¿y ahora qué hago con el bebé?, ¿seré capaz de cuidarlo y mantenerlo con vida? (Ver apartado

personal sanitario hasta la familia más cercana, incluido el padre, tengan especial cuidado en los comentarios y en la forma de actuar, que deben ir dirigidos a *validar el papel de* MADRE *como cuidadora capaz y principal del bebé.* Frases que aparentemente pueden ser inofensivas pueden suponer un dolor desgarrador en esa madre. Por ejemplo, en madres que hayan elegido la lactancia artificial, hacer referencias a que es mejor la lactancia materna; o al contrario, madres que han elegido la lactancia materna, cada vez que llore el bebé asegurar que lloraría menos si tomase el biberón, porque se queda con hambre. *No es el momento de cuestionar, sino de sostener y aliviar la carga emocional que supone el darse cuenta de que se es* MADRE.

Vais a escuchar múltiples consejos más o menos acertados e insistentes, e incluso por personas que nunca tuvieron hijos o por aquellos que no forman parte de vuestro círculo cercano. Esas críticas, en muchas ocasiones, os harán sentir que cualquier persona está más capacitada que vosotros para cuidar al bebé, lo que genera gran angustia y frustración. Poned límites; en esto el padre tiene una tarea fundamental de apoyo incondicional a la madre y de mantener lejos a todos aquellos cuyas aportaciones no sean útiles. No tengáis miedo a equivocaros y encontrad aquella forma de crianza con la que os sintáis más cómodos; la clave es escuchar a vuestro bebé y a vosotros mismos.

- *El instinto de protección hacia todo lo que puede suponer una amenaza para nuestro bebé.* Es una sensación nueva y extraña, muy difícil de explicar con palabras, que sentimos cuando nacen nuestros hijos. Es una especie de «súperpoder» que permite que nuestros sentidos sean ultrasensibles con todo lo relacionado con la protección del bebé. Cualquier ruido o movimiento, por insignificante que sea, produce un nivel de alerta muy elevado en escasos segundos e incluso somos capaces de anticiparnos a lo que puede llegar a ocurrir. Es frecuente que despertemos en la noche y al poco tiempo el bebé comience a llorar o que notemos pequeños cambios que nos indiquen que nuestro hijo está a punto de enfermar. Muchas veces los datos no son objetivos e incluso no los podemos enumerar, el mejor resumen es «está raro, algo le pasa».

Por otro lado, hay una necesidad incontrolable de estar junto al bebé por miedo a que pueda pasar algo y no estar presente. El miedo real que subyace es que no respire o que pueda morir. Es una especie de tensa calma donde no eres capaz de relajarte del todo. Por eso es tan complicado dejar que otras personas cuiden al bebé al inicio. Te conviertes en una especie de «madre leona» que está siempre en alerta para proteger a su cría de cualquier riesgo.

Poco a poco, y en un tiempo variable según cada caso, se va perdiendo el miedo, se aprende, te vas conociendo como madre y padre, vas conociendo cómo es tu bebé y vas ganando confianza, llegando a la serenidad. Aunque es cierto que el ser padres cambia la vida para siempre, y en cierto modo la incertidumbre es inherente a criar a un hijo, después de esta etapa inicial todo es mucho más sosegado.

Es como si aceptases que este nuevo papel que te ha tocado vivir está lleno de nuevos aprendizajes y de errores continuos que te permiten crecer día a día como padre, como madre y como persona, pero que el ser imperfecto, lejos de ser un defecto, es una gran virtud que le permitirá adquirir a tu hijo una de las enseñanzas más importantes en la vida: «el derecho a equivocarse» (Ver apartado «El derecho a equivocarnos y pedir perdón» de este capítulo).

Hay diversos factores que determinan la duración de esta etapa: si es o no el primer hijo, la forma de ser de los padres, la capacidad de adaptación de cada uno a la nueva situación, la red de apoyo, el carácter del bebé, la posibilidad de vivir junto al bebé el tiempo que realmente necesitemos...

Maternidad y paternidad

Los términos *maternidad* y *paternidad* hacen referencia, por un lado, al conjunto de funciones que ejercen las figuras materna y paterna (amor, cuidado, alimentación, manutención...), y, por otro lado, *al hecho biológico* de ser madre o padre, es decir, el hecho en sí de tener un hijo, algo que por sí solo, no determina quién va a cumplir la función de criar a ese niño y es precisamente el cómo se ejercen dichas funciones lo que determina para un niño quiénes son su MADRE y su PADRE, con mayúsculas, por encima de los genes o de quien lo haya parido.

Para un adecuado desarrollo psicológico y afectivo un bebé necesita una figura materna y una figura paterna (la figura materna y paterna no necesariamente tienen que ser la madre y el padre respectivamente; hay padres muy maternales o madres más paternales, por ejemplo) que ejerzan sus funciones y estén presentes. Ambas funciones son esenciales al cubrir necesidades insustituibles y diferentes a la vez que complementarias.

La figura materna es el mundo de los afectos y la que inicialmente cubre gran parte de las necesidades básicas del bebé. Es más cauta en sus decisiones, es más protectora y suele supervisar más estrechamente a los hijos. La relación que se establece entre la madre y el bebé es especial y muy intensa. Por regla general, existe una fase en que la madre tiene la sensación de que ella es la persona que mejor cuida al bebé, y tiene dificultades para dejar que otras personas participen. Esto es normal las primeras semanas, pero es necesario que permita que otros formen parte de la vida del bebé y así acceder a otros tipos de cariño, de educación, o formas diferentes de ver la vida.

La figura paterna equilibra la relación madre-hijo, y permite que entre un tercero, favoreciendo relaciones más independientes. Le muestra al bebé el mundo exterior y el juego de un modo diferente a la madre, porque en general permiten que explore el entorno dando mayor libertad, lo que favorece la autonomía y no la sobreprotección (Ver apartado «La sobreprotección *vs.* autonomía» en el capítulo «La necesidad de dejarlos crecer: los mitos del desarrollo»).

«Al niño que está creciendo, que ya camina y habla y que, sobre todo, se da cuenta de que hubo un tiempo en el que él era más pequeño, madre y padre responden de manera diversa. Ambos miran al niño presente como si lo hicieran con un solo ojo, mientras que con el otro, la madre contempla al niño que ha sido y el padre tantea al hombre o a la mujer que llegará a ser. La madre siempre verá en el hijo, aún en edad adulta, a su niño; el padre verá en el niño, por pequeño que sea, a un hombre o a una mujer. La mirada materna, clavada en el pasado, asegura al niño que, aunque crezca, no perderá el amor de la madre. Se ha revelado dañoso que la madre manifieste desaprobación hacia el niño que está creciendo, idealizando y valorizando al niño de antaño. El padre, por su parte, proyectando al hijo en el futuro, en el tiempo que vivirán aventuras y viajes juntos, asegura al hijo que nunca será abandonado y que puede, por tanto, desear hacerse mayor para "irse" con él»*.

Cuando por alguna razón una de las figuras está ausente, es importante tener presente que alguien debe cumplirlas, generando un punto de equilibrio. Clásicamente se decía: «tuvo que hacer de padre y de madre» y así es, o ambas figuras recaen sobre la misma persona o sobre personas diferentes, pero las dos funciones son aconsejables que estén presentes en la vida del niño.

En la actualidad *la maternidad está de moda*. La figura de la madre está muy presente, pero aún sigue estando idealizada y llena de exigencias: tiene que ser idílica, sin dificultades, el embarazo tiene que ser perfecto, hay que recuperarse en tiempo récord de los cambios físicos… Es curioso cómo los medios de comunicación están llenos de madres recientes perfectas a las pocas semanas de parir y que se incorporan al trabajo a los pocos días de vida de su hijo y se les alaba por ello. A pesar de lo real o irreal que sea, se habla de la maternidad. En contraposición, la paternidad está más oculta, desde la ciencia, que aún desconoce el proceso íntimo por el cual uno se convierte en PADRE, hasta en la sociedad y en el día a día en los que poco se habla de sus emociones, de sus sentimientos e incluso de sus funciones.

---

* El papel del padre en el desarrollo del niño. *Infad Revista de Psicología*, Nº 2, 2007, pp: 167-182.

Yo y mis circunstancias: ¿cómo influyen en mi relación con el bebé?

El ser padres es una revolución que aúna el presente, pasado y futuro de nuestra propia existencia y que requiere de un fino ajuste en nuestra propia vida. Todo ocurre en un tiempo en el que nos sentimos altamente vulnerables, con sensaciones nuevas que no sabemos cómo manejar y en un proceso de conocimiento de nuestro bebé que nos obliga a estar ahí presentes, y con la mayor estabilidad posible tanto a nivel físico como emocional. Son demasiadas tareas, muy complejas y en ocasiones contradictorias. ¿Cómo conseguir ser madre, hija, amiga y buena profesional?, ¿voy a ser capaz de hacerlo todo?, ¿a qué renuncio?, ¿por qué siento que no voy a ser capaz?, ¿por qué necesito tanto a los demás?

La tribu: la red de ayuda

En esta nueva etapa que acaba de comenzar con tantos cambios, dudas e incertidumbres es frecuente que en la madre comience la necesidad de buscar apoyos a nivel emocional que le permitan dar cabida a todos los sentimientos positivos y negativos que conlleva el ser MADRE. Necesitamos buscar apoyos que nos ayuden a encajar de nuevo la vida cuando ha sido puesta patas arriba.

Existe una curiosidad innata por saber cómo viven o han vivido la maternidad otras mujeres y querer conocer sus experiencias. Si existe la posibilidad de apoyarte en tu madre, ella se convertirá en una pieza angular en la red de apoyo. Las mujeres de tu familia que hayan sido madres comenzarán a tomar protagonismo y, si te sientes respaldada por ellas, esto marcará un hito importante en vuestra relación y los lazos se estrecharán; por el contrario, puede ser motivo de alejamiento y sufrimiento si no te sientes respaldada por ellas. Otra figura relevante es la abuela paterna y las tías paternas, aunque dependerá mucho de qué relación tenga tu pareja con ellas y cómo «sepan estar» ellas ante las dificultades.

En la red de apoyo también pueden estar amigas que hayan sido madres, e incluso mujeres que anteriormente no conocías, y el vivir la maternidad juntas hace que se creen lazos que perdurarán para siempre, «Es mi amiga porque fuimos madres a la vez».

Este grupo de mujeres que son importantes en tu vida serán un soporte necesario en los primeros meses del bebé. Te permitirán compartir los buenos y malos momentos, resolver tus dudas y no perderte en la soledad que muchas veces acompaña a la maternidad, por las propias limitaciones de esta y por tener que dejar de lado gran parte de tu vida anterior.

Si eres madre y alguien de tu círculo cercano acaba de tener a un bebé recuerda las necesidades de los primeros meses y ofrécete en aquello que creas que puedas serle útil. Es algo que jamás olvidará y que es importante para su supervivencia.

La relación con tu familia de origen

Es frecuente que con la noticia de ser padres llegue un periodo necesario de «alejamiento» de la familia de origen. Te verás en discusiones muchas veces nimias y absurdas que estarán relacionadas con el futuro bebé y el papel de padre o madre. Al comenzar esta nueva etapa, intentamos reflexionar sobre nuestra infancia y sobre cómo son y fueron ellos con nosotros en el papel de padres. Es una forma de establecer cierta distancia emocional para poder analizar con cierta frialdad qué cosas nos gustan y cuáles no, para ir definiendo nuestra propia forma de SER

PADRES. El análisis permitirá quedarnos con lo que consideremos positivo y poder renunciar a aquellas cosas que consideremos erróneas. Es el mejor modo que tenemos de crecer y mejorar. Si no te cuestionas nada, probablemente se perpetuarán gran parte de los errores.

La relación madre-bebé-abuela materna tendrá un protagonismo especial en la vida emocional de la reciente MADRE. La relación madre-abuela es tan intensa e importante que será necesario que esta esté presente en una de las situaciones en las que más ayuda se necesita, cuando nace el bebé. Es recomendable que la abuela materna encuentre su papel y no intente ser la madre de sus nietos y que esté lo suficientemente presente en los momentos en los que sea necesario para sostener y apoyar emocionalmente a su hija en la tarea de ser MADRE. El cómo haya sido ella como madre durante la infancia y en cómo se comporte en la actualidad como abuela y madre determinará el nacimiento de una nueva relación mucho más intensa y estrecha, o fría y lejana.

¿Qué hacer con nuestras imaginaciones del embarazo?

Es necesario que durante el embarazo hayas imaginado cómo será tu bebé y cómo será tu nueva vida, porque es la forma de prepararte psicológicamente para ello. Esa imagen de tu bebé se crea a partir de tus propias creencias de cómo son los bebés y cómo es la maternidad, unido a las sensaciones que vas acumulando a lo largo del embarazo. Por ejemplo, cuando sientes que tu bebé se mueve mucho, inevitablemente se asocia esa actitud a ciertas características, como que va a ser muy movido o que podrá ser futbolista.

Ahora el bebé que tienes en tus brazos es el real, con cosas que serán más parecidas a las que habías imaginado y otras completamente opuestas. Hará cosas que por tu forma de ser las llevarás mejor y otras que requerirán de un gran esfuerzo por tu parte para dar una respuesta a esas necesidades concretas. Por ejemplo: puedes ser una persona tranquila que necesite dormir mucho y que en tu vida irrumpa un bebé muy movido que necesite dormir mucho menos que tú. O al contrario, ser un bebé muy tranquilo que necesite de siestas largas en su cuna y a ti se te caiga la casa encima porque necesites estar más en la calle que en casa. De hecho, ese es *el gran trabajo al ser padres: ir conociendo poco a poco a tu bebé, descubrir cuáles son sus necesidades y ver cómo adaptarte tú si sus necesidades compiten con las tuyas.*

A medida que vayas conociendo a tu bebé real y seas capaz de irte adaptando a los nuevos retos, el bebé imaginario irá desapareciendo para dar cabida a ese bebé real que tienes en tus brazos. Es importante que dejes marchar al bebé que te gustaría tener y aceptes al bebé que tienes, para dar cabida al amor incondicional (Ver capítulo «La necesidad de amor incondicional»). Muchas veces los padres cargamos a los hijos con nuestros propios deseos y esperamos que sean o hagan lo que esperamos de ellos, cuando, en realidad, están aquí para ser amados, sean como sean, o piensen como piensen.

> «*Las niñas o los niños pocas veces son considerados por su valor en sí mismos. Con harta frecuencia se les trata como futura mujer o como futuro hombre. Eso cuando no se les mira como futura ingeniera o como futuro arquitecto. O quizás, como futura azafata o ama de casa y como futuro futbolista de éxito.*
>
> *Frente a esa óptica que deforma la realidad, la infancia tiene un enorme valor en sí misma. Son personas completas, plenas de derechos, que están hoy aquí. La niña y el niño tienen el derecho a disfrutar de su presente lejos aún de ansias o*

angustias futuras, y hacerlo a pleno pulmón junto con amigos, hermanos, padres y abuelos.

Ciertamente, la infancia no es un colectivo que permita etiquetas generalizadoras. No hay una infancia, sino muchas infancias y muchas maneras muy diferentes de vivir esa etapa de la vida que trae bajo el brazo con el buril que la va a cincelar para siempre. Para bien y para mal».

Defensor del Pueblo Andaluz
Jornadas Infancia y Adolescencia. 2017.

¿Cómo gestiono mis otras identidades?

Antaño, muchas mujeres tenían como principal objetivo en la vida ser madres, incluso antes de serlo. Desde muy pequeñas su educación iba encaminada a la tarea que tenían encomendada. Por el contrario, los hombres, en muchas ocasiones, delegaban en gran parte, si no en todo, el cuidado de los hijos a las mujeres.

En la actualidad SER PADRES es una elección, es una de las decisiones más importantes que se adoptan y se plantea la necesidad de reevaluar qué hacer con otras facetas que desempeñas en tu vida.

Eres padre o madre, pero también eres hijo, hermano, amigo, profesional, pintor, músico, corredor... En los primeros años del bebé el ser padres acaparará gran parte de tu tiempo y te hará reestructurar otras identidades que son importantes para ti. Al principio la sensación es que todo se derrumba a tus pies y que no serás capaz de retomar tu vida normal. Lo cierto es que la vida ha cambiado para siempre y ya no hay marcha atrás, pero eso no significa que no puedas sentirte realizado en otras facetas de tu vida. Es más, el fomentar otras cosas que sean importantes para ti y te hagan sentirte bien y desarrollarte como persona permitirá que tu hijo pueda descubrir en ti otros modelos que le puedan servir de apoyo y ayuda en su vida adulta. Intenta buscar un hueco, por pequeño que sea, para hacer o retomar alguna actividad propia que te haga sentir bien y te guste.

Las grandes preguntas son: ¿a qué renuncio?, ¿es necesario que renuncie a algo?, ¿qué priorizo y en qué orden lo hago?, ¿qué acepto y qué rechazo? Cada uno tendrá sus propias respuestas, cada uno tendrá que ver cómo ajusta sus otras identidades y cómo las compatibiliza con la de SER PADRES. Lo difícil es retomar las identidades anteriores, cómo hacerlo, cómo negociarlo con la pareja... buscando el punto de equilibrio para ofrecer tiempo en cantidad y de calidad a nuestros hijos. En cualquier caso, este equilibrio es necesario para seguir creciendo en otras facetas de nuestra vida.

El aborto, una dolorosa pérdida

Según la Real Academia Española, el *aborto* es la interrupción del embarazo por causas naturales o provocadas.

Aborto es el término más utilizado para denominar la muerte de un no nacido. A mí es un término que personalmente no me gusta, porque no es concreto y excluye la muerte en los primeros días de vida. Existe otra terminología mucho más explícita, porque no estamos hablando de una «pérdida», sino de una muerte:

- *Muerte gestacional temprana* hasta la semana 12 de embarazo.
- *Muerte gestacional tardía* a partir de las 12 semanas.
- *Muerte perinatal*: desde el nacimiento de un recién nacido viable (a partir de la 28ª semana de embarazo) hasta los 7 días de vida.

Tipos de pérdidas gestacionales hay múltiples, con matices diferentes que en ocasiones marcan el afrontamiento de la pérdida: *embarazo ectópico* (fuera del útero), *aborto terapéutico* (por feto con problemas graves de salud), muerte fetal (durante el embarazo), *muerte perinatal*... Pero desgraciadamente todas son muertes y perder a un hijo es extremadamente doloroso.

Por otro lado, en español existe una palabra para denominar a quien ha perdido a su marido o mujer (viudo o viuda), para quien ha perdido a sus padres (huérfano o huérfana), pero no existe ningún término para aquellos padres que han perdido a sus hijos.

¿Sabías que uno de cada cuatro embarazos termina en muerte?

Actualmente en España mueren casi 2.500 bebés cada año en el periodo perinatal, además de otro número significativo en el segundo trimestre del embarazo, que no son contabilizados. Adicionalmente, son más de 3.500 embarazos terminados a las 15 semanas o más por motivos de anomalías fetales graves o incompatibles con la vida. A lo que se suman todos los bebés que mueren en el primer trimestre, estimado en un 15% de todos los embarazos. Es decir, 1 de cada 4 embarazos acaba en muerte.

El aborto y la sociedad

Para la sociedad la muerte gestacional y perinatal simplemente no existen, están ocultas y silenciadas. Hasta el punto de que una pareja no suele anunciar al mundo la llegada de un nuevo ser hasta pasado el primer trimestre de embarazo. De este modo, si tienes la desgracia de sufrir la muerte de tu bebé, está asumido que puede ocurrir y que mejor si nadie se entera. Por tanto, el vacío, el dolor y el duelo, en la mayoría de las ocasiones, se viven a solas.

Si hay algo que produce dolor tras la muerte de tu futuro bebé, además de la pérdida propiamente dicha, es la sensación de soledad y la presión por no sufrir y que pase rápido. Hay un silencio abrumador tras la pérdida en la consulta del médico, en la familia, entre los amigos y compañeros de trabajo. Todo ello hace que se tenga la sensación de no tener derecho a vivir tu duelo porque hay cosas mucho peores en la vida.

La necesidad de vivir el duelo

Nos pasamos la vida entera elaborando procesos de duelos. Ante cualquier pérdida nos toca vivir un proceso de adaptación y reconducción que nos permita avanzar de manera diferente en las nuevas circunstancias, donde aquello que estaba y ahora no está. El duelo provoca dolor, pero, si se vive, uno aprende a convivir con ello y seguir hacia delante. Si no se vive, queda enterrado como una bomba que te puede explotar en cualquier momento.

Existe un duelo diferente al resto, cuyo proceso es más complejo y cargado de dolor y tristeza: la pérdida de una persona significativa; la muerte de un ser querido y aún más la de un hijo. Por tanto, la sociedad en general, y el entorno más cercano en particular, tienen que permitir que sea vivido como cada uno necesite. Con todo el derecho a sentir dolor hasta que uno se recupere, a poder compartirlo o vivirlo en intimidad, a poder llorar o gritar en silencio. Cada uno lo vivirá como pueda, pero con todo el derecho y la comprensión de ser vivido.

Aceptar lo que ha ocurrido y poder sobrevivir es el difícil trabajo que deberán realizar unos padres que acaban de perder a su bebé.

Acompañad a quien lo ha sufrido

El principal error es querer animar a quien acaba de sufrir una pérdida. El objetivo no debería ser que los padres estén bien cuanto antes, sino acompañar y respetar el duelo. Si pensamos que se está haciendo patológico, por no sentir o por una duración del dolor excesivamente prolongada (tristeza muy intensa de meses de duración), aconsejad que pidan ayuda profesional.

Es imprescindible tener en cuenta a ambos miembros de la pareja, los dos han perdido a su hijo y por tanto hay que validar su dolor y acompañarlos. Si en la sociedad está silenciado el dolor de una madre ante la muerte gestacional o perinatal, el padre parece que, al no llevar al bebé en su vientre, no sufre y directamente no está presente en dicho proceso. Sin embargo, el padre, tiene que superar dos duelos, el de haber perdido a un hijo y el miedo a que le podría haber ocurrido algo a la madre.

Cuando sufrí la pérdida, las personas que más me ayudaron en el proceso fueron aquellas que no trataron de «animarme», sino de entenderme; un «Lo siento» o «Qué duro debe ser, lo debes estar pasando muy mal». Despierta la empatía, valida el dolor y te da pie a poder contar, a llorar o a maldecir al mundo.

Lo que nunca deberías decir

- «Mujer legrada, mujer embarazada». Afortunadamente, no tuve que escuchar muchas veces esta horrible frase. El dolor no es por poder o no volver a ser madre, aunque sí es un miedo. El dolor es porque acaba de morir tu bebé. El legrado o que te quiten una trompa, en el caso de un ectópico, son procesos muy duros. Esta combinación de palabras es explosiva.

- «Mejor así, imagina que fuera un niño con problemas». Sin comentarios, como pediatra prefiero no opinar sobre esto.

- «Ya tienes una hija, eso es lo importante». El tener más hijos te puede hacer más llevadero el duelo, al igual que el tener otras personas importantes en tu vida que te apoyen, pero no «arregla» nada, tu dolor es el mismo.

- «Anímate, hay cosas peores en la vida». El que haya cosas peores en la vida depende de la percepción de cada ser humano y de sus circunstancias. En el momento en que me ocurrió, para mí fue una de las experiencias más duras por las que he pasado, y he vivido muchas cosas. No se trata de un *ranking* de experiencias según el daño que produce cada una; esta pérdida duele, y mucho. Además, no quería animarme, necesitaba vivir mi dolor y entender lo que me había pasado en la medida de lo posible.

- «Al menos tú estás bien». Esta frase me descolocó mucho. ¿En qué sentido estaba bien? En que no había muerto, porque yo me encontraba física y emocionalmente machacada.

- «¡Ya verás cómo te quedas embarazada enseguida, eres joven!». Tras un aborto surgen muchos miedos y muchas preguntas. Cualquier persona es irreemplazable, independientemente del tiempo que haya existido. El siguiente embarazo no es sencillo (Ver apartado «Un nuevo embarazo tras la pérdida» en este mismo capítulo). No estás preparada para pensar si quieres volver a ser madre o no, estás perdida, desconcertada, dolida, vacía. La decisión de un nuevo embarazo llega después y llena de miedos e incertidumbres.

- «No es para tanto, casi todas las mujeres pasan por ello». Esta afirmación me hizo pensar. En la mayoría de las ocasiones ves morir a tus mayores, y eso no le alivia el dolor a nadie, en esto tampoco. Esta frase lo que sí provocó en mí fue la necesidad de buscar información. Si es frecuente, muchas familias habrán hablado sobre esto y me entenderán y me podrán ayudar, y así fue.

- «Mejor ahora que dentro de unos meses». Durante el duelo me di cuenta de que uno se siente madre o padre en el momento en el que te haces el test de embarazo y ves que es positivo. Algo cambia en tu interior y en tu cabeza, es inevitable empezar a pensar cómo va a cambiar tu vida, qué vas a necesitar en casa. En nuestro caso llevábamos más de un año de búsqueda, sentimos una felicidad inmensa y cuando nos enteramos de que era un ectópico y había que quitar la trompa y entrar en quirófano porque mi vida estaba en peligro, el dolor fue inmenso.

Rituales de despedida

En nuestra sociedad a quien fallece se le despide, es una manera de poder compartir el dolor por el ser querido que se ha perdido, y que todas las personas que lo deseen puedan dar su último adiós a una persona que existió. Sin embargo, en la muerte gestacional una pasa de estar embarazada a no estarlo, de un día para otro, llena de dudas y con un dolor inmenso que no sabes cómo encajar ni compartir. En muchas ocasiones la pérdida se vive en soledad, viviendo al exterior como si nada hubiese ocurrido; esto agrava aún más el dolor.

Poder despedirnos de nuestro bebé valida su existencia y nos permite dar el último adiós y compartir nuestro dolor. Por tanto, los rituales de despedida pretenden ser ese último adiós. Hay muchas formas de hacerlo y no hay nada establecido. Se pueden hacer uno o varios, en un mismo día o en días distintos: plantar un árbol, guardar una caja con los recuerdos, hacer una ceremonia, entre otras muchas posibilidades.

Un nuevo embarazo tras la pérdida

Uno de los miedos tras sufrir una muerte gestacional o perinatal es volver a tener otro hijo y que por alguna razón haya algún problema o vuelvas a perderlo. La sensación es que ha desaparecido la «inocencia» de lo «bonito» del embarazo. La búsqueda de la gestación está llena de incertidumbre y cuando sale por fin el test positivo comienza una etapa llena de dudas. Es una extraña mezcla de emociones encontradas: por un lado, la felicidad de volver a ser padres y, por otro, un fantasma que te impide disfrutarlo como lo hubieses hecho si nunca hubieses sufrido esa dolorosa vivencia. Lo cierto es que tras la pérdida una parte de ti ha cambiado para siempre.

En 1994 O'Leary y Thorwick describieron 5 fases por las que se pasa en un embarazo cuando una familia (padres, abuelos e incluso los hermanos) previamente han sufrido una pérdida. Conocerlas me ayudó a entender el proceso por el que tendría que pasar.

1. *Miedo a otro embarazo* que no llegue a término, o que surjan problemas que puedan afectar a tu bebé. El mantra que se repite todo el tiempo en tu cabeza es «Por favor, que todo vaya bien».

2. *Evitar o tener dificultad para querer a tu nuevo bebé (crear un vínculo afectivo)*. Este sentimiento genera mucho sufrimiento. Eres consciente de que «lo quieras o no» si ocurre cualquier cosa vas a sufrir igual, pero por una extraña razón eres incapaz de hacerlo y eso aumenta aún más el dolor. Es un sentimiento instintivo, ancestral, que no puedes controlar y gene-

ra un inmenso vacío, «Tengo que quererte, pero no puedo». Intentas no pensar, no hablar de ello, no acariciar la barriga, no hablarle… es imposible hacer nada que pueda unirte a él. Este periodo es especialmente intenso hasta que empiezan los movimientos del bebé.

3. *Dificultad para superar la pérdida por lealtad al bebé que murió.* No sé si se consigue superar la pérdida, lo que se aprende es a vivir aceptando lo que ha ocurrido. En ningún caso la aceptación es el olvido. Olvidar no tiene sentido porque es una realidad que ha formado parte de nuestra vida.

4. *Vincularse con el bebé no nacido separándolo del bebé que murió.* Esta fase es un punto de inflexión para «disfrutar» del embarazo. Generalmente ocurre cuando de algún modo comienzas a «poder querer» al hijo que esperas. De repente, algo cambia en ti y sientes que «Parece que todo va bien, igual puedo empezar a quererlo». Mi experiencia es que el miedo se acaba cuando has parido y tienes a tu bebé en los brazos, pero la ecografía del segundo trimestre fue un gran paso.

Por estas cuatro primeras fases pasan todos los miembros de la familia.

5. *Duelo de los padres por la pérdida personal que ha supuesto la muerte gestacional o perinatal.* Cuando uno pierde a su bebé, también pierde lo que había soñado, cómo adaptaría la casa, cómo sería la vida cuando naciera, cómo sería la habitación... Los padres han de vivir el duelo de todo lo que soñaron desde que se enteraron de que iban a ser padres.

Lo que a mí me ayudó

Lo que a mí me ayudó fue dejar que mi cabeza, mi corazón y mi cuerpo pudiesen sentir por separado. Mi cuerpo fue lo primero que se recuperó, mi cabeza mucho más tarde y mi corazón nunca ha vuelto a ser el mismo.

Aceptar mis necesidades sin intentar agradar a nadie. Es decir, hacer en cada momento lo que realmente sentía y necesitaba, compartirlo con quien realmente quería. Tras contarlo me enteré de que mucha gente de mi entorno lo había vivido y el saber cómo se habían sentido y cómo lo habían superado fue de gran ayuda.

Llorar y maldecir al mundo, no salir de la habitación y querer compartirlo, dejar de escribir en el blog porque la maternidad me dolía y mucho.

En mi caso, los primeros días fueron muy duros; lloré, no quería ver ni hablar con nadie y necesitaba estar sola con mi entorno más cercano. Me ayudó mucho leer sobre la pérdida gestacional y entender que mi dolor era normal y había que vivirlo. Cuando las emociones iniciales se fueron calmando, necesitaba compartirlo y se lo conté a mis mejores amigos, fueron mi salvación y fui capaz de no callarme cuando decían cosas poco convenientes, lo que era completamente liberador. Sin embargo, el padre lo vivió de forma muy diferente, entre nosotros hablábamos mucho, pero no le apetecía compartirlo. Fuimos capaces de respetarnos y entender que ambos vivíamos el duelo a nuestro modo, de forma casi opuesta, pero era nuestra forma, igual de válida y necesaria.

El derecho a equivocarnos y pedir perdón

La aventura que vamos a comenzar es un «arte» en el que no hay certezas absolutas, cada persona encontrará su propio camino, lleno de incertidumbres, elecciones e interrogantes. La manera en la que cada uno da respuesta a los retos que se presentan depende de cómo somos, de cómo nos han tratado, de cómo vivimos en la actualidad, de cómo nos gustaría ser... Es decir, es un «yo y mis circunstancias», sin manuales de instrucciones infalibles para todos. Es un camino que decidimos emprender sin mapa, sin ruta y sin brújula. Nos tocará confiar en nuestra intuición e informarnos en un sentido amplio, porque no es fácil encontrar información donde no nos juzguen.

Una de las presiones que viven los padres hoy en día, entre otras muchas, es la necesidad de ser padres perfectos, de no equivocarse. Existen presiones externas, pero también en muchas ocasiones por exigencias internas.

Pues queridos padres, siento deciros que os vais a equivocar y mucho. Por muy bien informados que estéis elegiréis caminos incorrectos, perderéis la calma con vuestros hijos cuando no hagan lo que deseéis, en ocasiones les diréis cosas que no pensáis y de las que os sentiréis culpables... Por muy concienciados que estéis, la maternidad y la paternidad son caminos de aprendizaje llenos de piedras, curvas y cuestas que te harán repensar tu papel y crecer como PADRE y MADRE, y también como persona.

Acepta tus errores como parte del aprendizaje y sé honesto contigo mismo y con tus hijos: no pasa nada y pide perdón. Es una manera de enseñarles que todo el mundo se equivoca, que no pasa nada, de aceptar los propios errores y tener la excelente oportunidad de rectificar.

Mi experiencia como madre
La maternidad es un proceso de cambio

Cuando te quedas embarazada por primera vez y nace tu hijo tienes la sensación de que lo más difícil ha terminado.

Ya tienes a tu niño en brazos y lo peor ya ha pasado. Con el parto se cierra una etapa, pero comienza un camino lleno de experiencias nuevas, con retos diferentes y mucha incertidumbre.

Se necesita un tiempo para conocer a tu hijo, cada niño es diferente

Llegas a casa con tu niño en brazos, sin libro de instrucciones y con miles de consejos que llegan por todas partes. No hay recetas para hacerlo bien, cada niño es un mundo, con unas necesidades completamente diferentes. Lo único que realmente funciona es ir poco a poco probando cosas y a los pocos meses sabrás perfectamente qué te está pidiendo tu hijo, qué cosas le gustan y cuáles detesta. No tengas prisa, no te agobies.

Mi primera hija tenía muchos problemas con el sueño; le costaba quedarse dormida y se despertaba incontables veces por la noche. Estábamos agotados, de mal humor. Había momentos en los que dudaba de si realmente la elección de tener un hijo había sido adecuada. Mi segunda hija sabe lo que quiere, llora hasta que lo consigue, aunque lo que desee sea jugar. No tiene ningún problema con el sueño, casi se queda dormida sola con tres meses.

La experiencia no solo te enseña, sino que nos predispone de otra forma: la actitud, los tiempos, la energía, la templanza... nunca serán iguales que la primera vez. Los niños son diferentes, nosotros como padres también.

Los primeros meses son duros

Tienes a un bebé con escasos recursos para comunicarse (muchas veces es ingrato, le das todo y solo te regala pañales repletos). Por otro lado, sus necesidades chocan continuamente con las tuyas: ellos comen frecuentemente y de forma irregular, muchos duermen de seguido escasos minutos, y necesitan estar en contacto casi de forma permanente. Tú comes tres o cuatro veces al día, necesitas dormir entre 6 y 8 horas seguidas para ser persona y necesitas espacio físico y tiempo para ti y poder estar sola para sentirte persona.

¿Cómo se resuelve el problema? Aceptando que los primeros meses son así, pero que más adelante la cosa cambia y que, cuando tus necesidades chocan con las del bebé, la ecuación siempre se resuelve adaptándote tú de la mejor manera a sus necesidades.

Se necesita un tiempo para adaptaros al cambio, tienes a un desconocido en casa

Llega una persona desconocida para todos y de repente cada miembro de la familia tiene que adaptarse.

- La madre puede sentirse abrumada, porque ser el principal cuidador de alguien que te necesita las 24 horas del día es agotador. Hay que ofrecerle ayuda y apoyo para que tenga al menos el tiempo suficiente para cubrir sus necesidades; no la juzguéis.

- El padre puede sentirse desplazado. Sin embargo, su misión en los primeros meses de crianza es imprescindible.

- Los hermanos pueden pasar por una experiencia que puede llegar a ser muy dura. Hasta ahora papá y mamá estaban solo para él, pero ahora hay que repartirse.

- Los abuelos porque los nietos son parte de ellos. Tienen que encajar que hay una nueva familia que puede tener necesidades y formas de hacer diferentes a la suya.

Es un proceso de reajuste de todos para lograr volver al equilibrio de nuevo.

No te juzgues

Demasiadas cosas tienes encima, no seas duro contigo mismo. Como todo cambio, lleva un tiempo adaptarse, pero se consigue. No te preocupes si no te da tiempo a hacer todo lo que habías planeado, no te agobies si la casa está hecha un desastre, no te juzgues por estar agotado o por los cambios que en tu cuerpo ha supuesto un nuevo embarazo.

Sois los mejores padres, no dejes que te juzguen

Opinar es muy fácil, sería interesante ver cómo la persona que te juzga resuelve las dificultades con las que te topas cada día. Está muy bien que otras personas te cuenten su experiencia, pero es eso, su experiencia. No es una receta infalible que sirva para todos los niños; para el suyo sí, igual para el tuyo no.

En mi segunda maternidad llevo las críticas con una elegancia pasmosa. Sonrío a todo el mundo y digo que sí con una sonrisa de oreja a oreja y luego hago lo que creo que debo hacer. Vamos, que por un oído me entra y por otro me sale.

¿Qué cambia en la segunda maternidad?

- *Sabes lo que no quieres.* Es mucho más importante que saber lo que quieres, porque es mucho más amplio. Así que las cosas que más pueden molestarte o con las que te sientes más incómodo simplemente ni te las planteas. Si vais a ser padres por primera vez, haz con tu bebé aquello con lo que tu hijo y tú os sintáis mejor, te digan lo que te digan.

- *El primer hijo te pone los pies en el suelo.* Aceptas por ejemplo que hay momentos en los que es inevitable que lloren o que igual tienes que salir a las ocho de la mañana a dar un paseo.

Al final, el segundo hijo se tiene que adaptar porque tiene un hermano mayor que tiene sus necesidades.

- *Aceptas que los primeros meses son imprevisibles*, lo que te permite una capacidad de adaptación abrumadora.
- *Las críticas las llevas con elegancia.*
- *Te das cuenta de que cada niño es un mundo.* Casi desde el primer día empiezas a notar que son caracteres diferentes, lo que te sirvió para uno no te sirve para el siguiente.
- *Estás mucho más sereno y eso te permite disfrutar cada segundo*, con sus momentos buenos y sus momentos difíciles.

Publicado en el blog www.mimamayanoespediatra.es en octubre de 2017

Bibliografía

Cabrera Sáez, R. 2015. *Interacción temprana y sensibilidad materna en la díada madre-bebé prematuro.* [En línea] Disponible en: http://sifp1.psico.edu.uy/sites/default/files/Trabajos%20finales/%20Archivos/romina_cabrera_-_trabajo_final.pdf [Último acceso: 18 diciembre 2017].

Kovacs Ojeda, D.ª Ana. 2017. *La construcción de la identidad materna y su influencia en la relación madre-hijo.* 21.11.2017. [Película] España: Colegio Oficial de Psicólogos de Madrid.

O'Yeray, J. 2003. *El embarazo después de perder un bebé. Ob stare: El mundo de la maternidad, Issue 9.*

Quaglia, R. & Vicente Castro, F. 2007. *El papel del padre en el desarrollo del niño. INFAD Revista de Psicología, Issue 2,* pp. 167-182.

Santos Redondo, P., Yáñez Otero, A. & Al-Adib Mendiri, M. 2015. *Atención profesional a la pérdida y el duelo durante la maternidad.* Mérida (Badajoz): Servicio Extremeño de Salud.

Soto Herrero, V. y otros, 2016. *Guía de actuación y acompañamiento en la muerte gestacional tardía.* [En línea] *Disponible en:* http://www.redelhuecodemivientre.es/wp-content/uploads/Guia-duelo-perinatal-MURCIA.pdf [Último acceso: 18 diciembre 2017].

Stern, D. N. 1999. *El nacimiento de una madre: Cómo la experiencia de la maternidad te cambia para siempre.* Barcelona: Paidós Ibérica.

Varios, 2017. *Manifiesto de asociaciones y grupos de apoyo al duelo gestacional, perinatal y neonatal de España.* [En línea] *Disponible en:* http://www.umamanita.es/wp-content/uploads/2017/10/MANI-FIESTO-MUERTE-PERINATAL.pdf [Último acceso: 18 diciembre 2017].

CAPÍTULO II

La necesidad de amor incondicional

El bebé nace con la necesidad de que alguien lo cuide, atienda sus necesidades y le dé cariño, en cualquier situación: estén tristes o contentos, enfadados o receptivos, haga calor o frío. Si en cada etapa eres capaz de cubrir sus necesidades con amor, sin dañarlo y sabes cómo reaccionar, te convertirás en su referente, serás una de las personas más importantes a lo largo de su vida y volverá a ti, pase lo que pase. La seguridad que le das al saber que siempre estás y que puede contar contigo le permitirá vivir una vida adulta plena; en los buenos y en los malos momentos. ¿Vas a desaprovechar esta oportunidad?

CONTENIDO DEL CAPÍTULO

¿Qué es la necesidad de amor incondicional?

Es la necesidad y el derecho que tiene todo hijo a ser amado sin condiciones, es una carta en blanco que no está supeditada a nada ni a nadie. Da igual cuáles sean sus gustos, sus preferencias, sus deseos, sus creencias futuras o lo que quiera ser de mayor. Es indistinto que sean compatibles con las tuyas o no. Tu hijo necesita saber, desde el momento en el que nace y lo abrazas por primera vez, que vas a estar ahí pase lo que pase, es lo que le va a dar la *seguridad* necesaria para poder vivir, crecer y desarrollarse como persona.

Esto, en los tres primeros años de vida, significa amar si tu bebé duerme mucho o poco, si tiene un temperamento fácil o difícil, si ríe o llora... e independientemente de tu estado de ánimo, o de si estás cansado o no.

Esa forma de «darte» a tu hijo cada día será el espejo en el que se mirará en el futuro, tendrá mucho que ver con su forma particular de amar, de relacionarse (con otras personas y con lo que le rodea) y de cómo se quiera y se vea a sí mismo.

La forma de «hablarle» en los momentos difíciles; con cariño, creyendo en él y en lo que hace, será la forma en la que se relacione consigo mismo y con los demás.

Lo que ellos sean en el futuro es el reflejo de cómo los hemos tratado (y amado) en el presente.

¿Cómo expresar el amor incondicional al bebé?

El recién nacido llega al mundo desprotegido, con la necesidad innata de unirse a alguien que le dé seguridad ante lo que pueda suponer una amenaza para él, cubra sus necesidades y esté presente en sus vidas con manifestaciones de cariño (Ver apartado «El vínculo de apego: lo que el bebé nos da» de este capítulo). Sin embargo, los padres, cuando nace el bebé tenemos un camino recorrido: el deseo de ser padres, un embarazo y un bagaje previo emocional porque fuimos hijos antes que padres. Existen sentimientos hacia nuestro bebé incluso antes de que nazca, y tenemos un modelo en el que mirarnos (Ver apartado «Del deseo de ser padres a la llegada del bebé» del capítulo «La necesidad de ser padres»).

Este amor, «pase lo que pase», le llega al bebé por lo que hacemos (*cubrir sus necesidades básicas* de alimentación, sueño, juego...) y por cómo lo hacemos, sabiendo que el bebé establece las primeras experiencias afectivas mediante el *contacto físico* (Ver capítulo «La necesidad de contacto del bebé»).

Cuando tu bebé se queje o llore, no lo dejes para que se calme solo; acude, cógelo, háblale e intenta averiguar la causa de su llanto, para cubrir la necesidad que tenga en ese momento. Por atenderlo *no se va a convertir en alguien caprichoso*, sino que va a experimentar que, cuando necesite algo, sus padres van a estar ahí para ayudarle y de ese modo *empiece a confiar en ti y pueda quererte*.

El vínculo con el bebé se construye cada día y hay ciertas pautas que pueden ayudarnos:

- *Estar cerca*: cuando el bebé nos siente, nos ve y nos escucha, eso le hace sentirse seguro. Evitar separaciones prolongadas los primeros meses de vida.

- Son necesarias las *muestras de cariño* constantes. Relaciónate con él tanto como puedas mediante el contacto y más allá del contacto; hablarle, mirarle a los ojos, cantarle, jugar con él, *disfrutar de cada cosa que hacéis (juntos)* y mostrarle el mundo que os rodea. (Ver apartado «Desarrollo de 0 a 6 meses. La etapa del contacto y las muestras de afecto», en el capítulo «La necesidad de dejarlos crecer: los mitos del desarrollo»).

- Es imprescindible *expresar ese amor y comprensión con hechos y con palabras*. Sed el mejor ejemplo para vuestros hijos, es esencial ser *coherentes*.

- *Límites claros y con cariño* (sin violencia) cuando haga algo inapropiado, explicárselo con palabras que pueda entender, sin utilizar gritos, amenazas ni golpes a cosas o a ellos.

- Hay que dedicarles *tiempo en cantidad y calidad*, estando con ellos y dispuestos a cubrir sus necesidades (no basta solo con estar en el mismo lugar, hay que *estar disponibles* para ellos).

- *Evitar la sobreprotección*: hay que dejar que los niños exploren el lugar donde están y fomentar su autonomía *según su edad*; responsabilizarle de sus cosas y que participen en las tareas de casa. Conocer el desarrollo normal del niño (Ver apartado «La sobreprotección *vs.* autonomía», en el capítulo «La necesidad de dejarlos crecer: los mitos del desarrollo») os puede ayudar para saber qué actividades pueden realizar.

- *Dejar que otros participen también en el cuidado* (padre, abuelos…). Es esencial para los padres y para el niño. A los padres les permite tener ayuda y al niño otras formas de ver la vida e interpretar el mundo.

El vínculo de apego: lo que el bebé nos da

La Real Academia Española (RAE) en su *Diccionario de la lengua española* define *vínculo* como la unión de una persona con otra, y *apego* como el amor o el afecto hacía algo a alguien.

En psicología, cuando se habla de apego y vínculo o «vínculo de apego», se hace referencia a la relación emocional, única y especial que necesita establecer un bebé con las personas que lo cuidan habitualmente (un bebé necesita esa unión especial al menos con un cuidador, pero pueden ser varios). Inicialmente, la función principal del cuidador es cubrir una de sus necesidades básicas esenciales: sentirse seguro y protegido ante cualquier situación que genere miedo, ansiedad o peligro; esto asegura algo tan importante como seguir viviendo.

La mejor manera de *darle seguridad* a un bebé, que va más allá de lo meramente físico, es demostrarle, cada día y en cada cosa que hacemos, el «amor incondicional».

> *El vínculo de apego* es la relación afectiva que establece nuestro bebé con las personas que lo cuidan habitualmente de una forma más estrecha. Sin embargo, no hace

referencia a la relación que establecemos los padres con el bebé, que inicialmente se centrará en el cuidado y que dará lugar a un «amor incondicional». Si somos capaces de demostrar ese «amor incondicional», nuestro hijo desarrollará una relación confiada hacia nosotros, es decir, establecerá un adecuado «vínculo de apego», lo que denominamos «apego seguro».

Esta primera relación emocional determina: el desarrollo de la personalidad del niño, su manera de relacionarse (con otras personas y con el entorno) y en cómo se ve y se quiere a sí mismo (autoestima). Está suficientemente demostrado que, si un niño no ha sentido ese «amor incondicional», no se ha vinculado a nadie, tiene mayor riesgo de retraso cognitivo y de desarrollar enfermedades mentales.

Bases científicas del apego

John Bowlby, en la década de los años cincuenta del pasado siglo, describió y estudió los tipos de apego. Sus estudios se centraron en niños que vivían en orfanatos o estaban ingresados y habían sido alejados de sus padres durante mucho tiempo. Se les alimentaba, pero recibían pocas muestras de afecto. Estos niños eran pasivos, no mostrando interés en descubrir el entorno, eran impulsivos y tenían problemas para gestionar sus emociones y relacionarse con otras personas.

Bowlby afirmó que para el adecuado desarrollo psicológico era imprescindible el vínculo que establecía el niño con su madre (principal cuidador) y que este vínculo iba más allá de la alimentación del bebé.

¿Cómo se forma el vínculo de apego?

En los humanos el apego se forja en los 3 primeros años de vida. Hay una «etapa preapego» (apego en formación), donde el niño puede ser calmado y atendido por cualquier persona sensible a sus necesidades, y una etapa de apego, en la que parece que el niño ha sufrido un retroceso porque es difícil que una persona extraña pueda calmarlo y reacciona llorando ante la ausencia de sus personas de referencia. Esto indica que el apego se está formando de forma adecuada.

Tabla 1. Evolución del apego en los tres primeros años de vida.

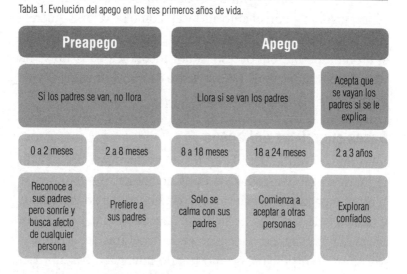

Preapego		Apego		
Si los padres se van, no llora		Llora si se van los padres		Acepta que se vayan los padres si se le explica
0 a 2 meses	2 a 8 meses	8 a 18 meses	18 a 24 meses	2 a 3 años
Reconoce a sus padres pero sonríe y busca afecto de cualquier persona	Prefiere a sus padres	Solo se calma con sus padres	Comienza a aceptar a otras personas	Exploran confiados

La «etapa preapego» tiene dos fases, que corresponden a un apego que se está formando, aún no está consolidado:

- *Fase 1*: (desde el nacimiento a los dos meses de vida). El bebé llora, sonríe, emite sonidos para buscar una muestra de afecto (lo hace con cualquiera). Es capaz de reconocer la voz y la cara de sus padres. Es una respuesta social indiscriminada.

- *Fase 2*: (desde los dos meses a los 8 meses de vida). Reconoce a sus padres y los prefiere, pero si se marchan no muestra ansiedad. Es una respuesta social discriminada.

Las fases 3 y 4 corresponden a la «etapa de apego»:

- *Fase 3*: (de los 8 meses a los 3 años). Lloran cuando son conscientes de la ausencia de sus padres y en presencia de personas que no conocen (se sienten desprotegidos). Es la etapa en la que se ve cómo el niño, a medida que se va haciendo mayor, se empieza a sentir más seguro ante la ausencia de sus padres, pero pasa una primera etapa de «máximo apego»:

  - *8-18 meses*: llora desconsoladamente, aunque sus figuras de apego se alejen escasos metros, todo lo tienen que hacer sus padres; no quiere que nadie lo coja, lo bese, le dé la mano…

  - *18 meses a los 2 años*: poco a poco empieza a aceptar a otras personas, y comienza a sentirse más seguro ante las ausencias si se le explica el por qué y cuándo regresarán las figuras de apego.

  - *De los 2 a los 3 años*: ya es más confiado es capaz de alejarse del principal cuidador y explorar el mundo, siempre y cuando estén cerca. Esta etapa es esencial en el aprendizaje y es imprescindible evitar la sobreprotección.

- *Fase 4*: (a partir de los 3 años). Quiere autonomía y empieza a manifestar claramente que quiere hacer las cosas solo. Se inician los primeros vínculos con niños de su edad.

Es imprescindible conocer cómo se desarrolla el «vínculo de apego» y estar preparados para la fase 3, entre los 8 meses y los 3 años. Esta fase se caracteriza por la necesidad de tener a sus figuras de referencia cerca, en todo momento. En torno a los 8 meses llorará cuando nos alejemos y se sentirá desprotegido ante los extraños. Poco a poco querrá explorar el mundo, y es esencial potenciar su autonomía, evitando la sobreprotección. Aunque puede ser agotador para el adulto, es clave en el desarrollo. ¡Que esto ocurra significa que todo va bien!

¿Cómo sé si mi hijo tiene un apego seguro?

Cuando las necesidades físicas y de afecto de un niño son cubiertas con sensibilidad, empatía y cariño por su principal cuidador, el niño convierte a su principal cuidador en su «centro de referencia». En él se cobijará cuando se sienta inseguro, de él esperará que le dé lo que necesita, porque es quien mejor lo conoce, su presencia le dará la seguridad necesaria de que nada va a pasar, así como el empuje para aprender y explorar sin temor. El concepto de su principal cuidador sobre él tendrá relación con cómo se vea el niño en el futuro.

Un niño con apego inseguro tiende a mostrarse temeroso y no sabe cómo comportarse ni a quién acudir cuando tiene una dificultad, porque no siempre recibe el apoyo de su principal cuidador.

El apego frente a la «crianza con apego»

Es importante no confundir el concepto del *apego* con la *crianza con apego*. La terminología empleada por este tipo de crianza puede dar lugar a equívocos, porque utiliza la palabra APEGO. La «crianza con apego» es una forma de cuidado que se basa en la «teoría del apego», según «*Attachment Parenting International*» y que conlleva 8 principios básicos:

1. *Prepararse para el embarazo, el parto y la crianza.* La importancia de informarse sobre los cuidados y la crianza antes de que nazca el bebé. El embarazo ofrece la oportunidad de prepararse física, mental y emocionalmente.

2. *Alimentar con amor y respeto, entendiendo que va más allá de la nutrición*; es un acto de amor y cariño tanto cuando le alimentamos de recién nacido o cuando le servimos la comida en la mesa, es una oportunidad para establecer vínculos. Establece la lactancia materna como el mejor alimento y un destete progresivo. Da unas sugerencias para dar el biberón, introducir los alimentos sólidos e invitar a probar nuevos alimentos

3. *Responder con sensibilidad.* Según la edad del niño, dar respuesta a sus necesidades con cariño y saber acompañar también en los momentos de llanto, rabia e ira y saber reconfortarles y no gritar, amenazar o golpear.

4. *Contacto corporal.* Fomentar el contacto físico mediante la lactancia, los masajes, el contacto piel con piel, el porteo y disminuir el uso de elementos que nos alejen del bebé, como el carrito.

5. *Participar activamente en las rutinas del sueño que le ayuden a conciliar el sueño.* Fomenta las normas de sueño seguro y el colecho como el lugar ideal para que duerma un bebé.

6. Proporcionar amor y cuidado constante hasta los 3 años, evitando en la medida de lo posible las separaciones de más de 48 horas seguidas o más de 20 horas a la semana, por lo que no sería recomendable la escuela infantil.

7. *Poner en práctica la «disciplina positiva»*. La «regla de oro» en la crianza es que los padres deberían tratar a sus hijos de la misma manera que les gustaría ser tratados ellos.

8. *Procurar un equilibrio entre la vida personal y la vida familiar*. Es necesario que todos los miembros de la familia sientan que sus necesidades están cubiertas. En la práctica es complejo, porque los padres tienen que ceder en muchas de sus necesidades, por lo que hay que encontrar un equilibrio y disfrutar de la familia.

No existen estudios científicos que hayan demostrado que los niños criados en la «crianza con apego» tengan un apego más seguro que los que sigan otro tipo de crianza.

El principal problema de la «crianza con apego» es que es *rígida*, al no tener en cuenta las circunstancias personales, sociales, familiares... y, en algunos aspectos, es muy *exigente para el adulto* porque el colecho, evitar la escuela infantil, reducir el uso del carrito, no separarse de los hijos en la medida de lo posible no siempre es posible ni todos los padres tienen por qué estar de acuerdo... Estos elementos generan ansiedad y culpabilidad, cuando realmente no son esenciales para establecer un apego seguro. Hay padres que creen que la única forma de conseguir un apego seguro es siguiendo los principios de este tipo de crianza y, como hemos visto, *el apego hace referencia más bien a la relación que se va tejiendo entre el bebé y los padres*, siendo lo más importante el tiempo en cantidad y calidad y el amor incondicional. Entonces, ¿mi hijo va a tener un apego seguro si duerme en su cuna, va a la escuela infantil, uso el carrito y tengo que trabajar? Sí, sin lugar a dudas.

La crianza es acompañar, cuidar y educar

La crianza es cuidar, cubrir las necesidades del bebé y educar, dando soporte emocional y material. Es la forma que cada familia tiene de acompañar a sus hijos durante la infancia para llegar a la etapa adulta teniendo la capacidad de desarrollar una vida sana, plena y siendo autosuficientes.

Hay múltiples tipos de crianza; si nos fijamos en los detalles, las combinaciones son infinitas, tantas como binomios cuidador-bebé, porque depende del carácter de ambos. Si hay algo que el cuidado de un niño exige es *flexibilidad* y *creatividad* ante los retos y las dificultades a las que nos enfrentaremos en el día a día. Es, sin duda, la tarea más importante y difícil a la que nos vamos a enfrentar como personas.

Si hay algo que provoque insatisfacción al ser padres es sentir que uno está criando a su hijo de una forma diferente a la que realmente desea y, tarde o temprano, uno es consciente de ello, lo que genera cierta nostalgia por no haber sido capaz de hacer las cosas como realmente nos hubiese gustado.

> Haz aquello que te permita disfrutar de tus hijos y que te haga sentir bien como persona y como familia.

Por ello, es imposible que haya manuales o instrucciones; *cada uno tendrá que encontrar su camino*. Esta es quizás la principal diferencia cuando te enfrentas a la crianza por primera vez; las dudas, los miedos propios y los miedos generados por el entorno, en muchas ocasiones, te hacen perder la perspectiva y te impiden disfrutarla. En cambio, en el nacimiento de tu segundo bebé la experiencia es un grado, ya has pasado por ello, sabes exactamente lo que NO quieres hacer y recibes a tu bebé con la tranquilidad y la confianza de que poco a poco todo encajará, y se disfrutará en toda su intensidad, con los momentos buenos y malos desde el primer momento.

No te etiquetes ni intentes encajar en ningún modelo de crianza, busca tu forma de hacer las cosas, siendo honesto contigo mismo y escuchándote sin prejuicios. Buscar información es siempre una buena idea; realiza una lectura crítica y recuerda siempre que no es un proceso estático; todos los días aprenderás cosas nuevas que te hará crecer y siempre existe la posibilidad de cambiar el rumbo si algo no te gusta.

Los tipos de crianza o estilos educativos parentales

Los tipos de crianza intentan englobar la forma de educar a los hijos en cuatro estilos diferentes: *democrático*, *autoritario*, *permisivo* y *negligente*. Esta clasificación tiene en cuenta dos aspectos fundamentales del cuidado: el afecto (amor incondicional) y los límites (la existencia o no de límites y la forma en la que los establecemos). Conocer los tipos de crianza es importante, porque se relacionan directamente con la conducta de nuestros hijos en el presente y a lo largo de toda su vida, tiene mucho que ver con cómo serán en su vida adulta.

- *Estilo democrático*: existen manifestaciones de afecto tanto en palabras como en hechos. Existen límites claros, coherentes y, aquellos en los que es posible, se negocia con los hijos. Existen consecuencias claras y razonables cuando los límites se rebasan.

  Son niños que se relacionan bien a nivel social y tienen una adecuada autoestima y autocontrol.

- *Estilo autoritario*: escasas muestras de afecto. Los límites son excesivos y no hacen partícipe al niño de ellos; le dan una importancia mayor a la obediencia de los hijos, «haces tal cosa porque lo digo yo», lo que limita en gran medida la espontaneidad y la autonomía por miedo a equivocarse. Las consecuencias son excesivas cuando se rebasan los límites y, en muchos casos, hay violencia verbal o física.
  Por ello el niño tiende a ser retraído, miedoso y con dificultades para relacionarse. Baja autoestima y escasa confianza en sí mismo. Son poco espontáneos y tienen poco autocontrol.

- *Estilo permisivo*: es el opuesto al anteriormente descrito, con claras muestras de afecto con límites escasos o inexistentes. Si hay ciertos límites y se rebasan, no suelen existir consecuencias.
  A los niños que han vivido con este modelo educativo les cuesta aceptar las normas y tienen dificultades para establecer valores propios, tienen baja autoestima, falta de confianza y son impulsivos.

- *Estilo negligente*: es lo opuesto al estilo democrático, con escasas muestras de afecto y límites inexistentes. Son aquellas circunstancias en las que los padres no se hacen cargo de sus hijos. El cuidado no cubre las necesidades del niño, o existe maltrato.
  Los niños serán inseguros e inestables, son dependientes de los adultos, tienen dificultad para relacionarse con otros niños, baja tolerancia a la frustración. Pueden presentar conductas delictivas o abusivas y tienen mayor riesgo de padecer enfermedades psiquiátricas.

Es curioso cómo formas de crianza tan diferentes, como el estilo autoritario (que adolece de *amor*) y el permisivo (que carece de *límites*), tienen algunas repercusiones similares en el niño. Se debe, a que el amor «incondicional» y la forma en la que educamos (enseñamos) son esenciales para un desarrollo adecuado; *ambas cosas son esenciales.*

En la práctica los padres no tenemos un estilo educativo fijo, sino que se solapan, lo vamos construyendo a la medida de cada niño teniendo en cuenta las circunstancias. Sin embargo, en cada padre o madre predomina o prevalece uno sobre los otros, *lo ideal sería que ambos progenitores tuvieran una misma forma de educar y que esta se acerque lo máximo posible al estilo democrático,* pero no siempre es posible. Por otro lado, los tipos de crianza pueden cambiar de acuerdo con múltiples variables: varían con el desarrollo del niño, no siendo estables a lo largo del tiempo, la edad, el lugar que ocupa el niño entre los hermanos, los valores predominantes o la realidad de cada familia.

Una forma de educar que te revolucionará la vida: la parentalidad positiva

Cuando nuestro bebé nace, tras la placenta no obtenemos el libro de instrucciones. En la mayoría de las ocasiones aprendemos a ser padres siéndolo, día a día. Confiamos en nuestras propias vivencias y en el instinto, pero el instinto es una parte irracional que en muchas ocasiones nos juega malas pasadas a la hora de interpretar qué es amor incondicional y cómo poner límites.

Querer a un hijo también significa reconocer su derecho a equivocarse y que puedan aprender a levantarse tras la adversidad, evitar la sobreprotección (Ver apartado «La sobreprotección *vs.* autonomía», en el capítulo «La necesidad de dejarlos crecer: los mitos del desarrollo») y aceptar que el mejor aprendizaje que les podemos ofrecer es dar las herramientas necesarias para que sean adultos con una vida plena, siendo autosuficientes.

Poner límites es absolutamente necesario, porque dan seguridad, pero nuestros hijos, aunque conozcan los límites, no siempre los aceptarán de la misma forma y con la misma diligencia. Son personas que tienen días buenos y malos, sentimientos propios y dificultades.

Por ejemplo, un niño de tres años sabe que tiene que recoger sus juguetes, pero hoy está muy cansado, se nos ha pasado la hora y está irritable, y cuando llega la hora de recoger los juguetes se niega y se pone a llorar, ¿qué harías?, ¿es necesario que los recoja porque es el límite que quieras que cumpla porque es muy importante ser ordenado?, ¿y si no los recoge, los recoges tú porque está muy cansado y prefieres evitar el conflicto o lo castigas/gritas/amenazas...? Joan E. Durrant en la introducción al *Manual de disciplina positiva* explica qué es:

«Hay otro camino llamado *disciplina positiva. Disciplina* significa realmente "enseñar". La enseñanza se basa en fijar las metas para aprender, planear un acercamiento eficaz y encontrar las soluciones que funcionan de verdad. La Convención de la ONU sobre los Derechos del Niño garantiza su protección contra todas las formas de violencia, incluyendo el castigo físico. También reconoce la dignidad de los niños(as) y el respeto a sus derechos. La "disciplina positiva" es no-violenta y es respetuosa del niño como aprendiz. Es una aproximación a la enseñanza para ayudarles a tener éxito, les da la información, y les apoya en su crecimiento».

La parentalidad positiva es una forma de ser padres, sin límite de tiempo, porque te servirá tenga la edad que tenga. Está basado en la crianza democrática (amor incondicional, enseñar con límites claros y coherentes sin ser padres autoritarios y sin violencia) pero es mucho más que eso, porque nos ayuda a saber qué hacer y cómo llevarlo a cabo. No da reglas ni normas, te muestra una forma de relacionarte con tu hijo y en tu familia basada en el conocimiento de qué es un niño, para entender su comportamiento. Te ayuda a reflexionar sobre cómo eres tú y por qué actúas de una determinada forma con tu hijo y en cómo poner límites para enseñar lo que realmente importa: empatía, respeto, coherencia…

Los pilares de la disciplina positiva

La base sobre la que se asienta la disciplina positiva es:

- *Establecer objetivos a largo plazo.* No es tan importante que recoja los juguetes como aprender la necesidad de colaborar, la capacidad de autocontrol, conseguir los objetivos; sin amenazas, sin coacciones o sin castigos… Si tu hijo no quiere recoger los juguetes pregúntate por qué lo hace y ofrécele tu ayuda. Márcate unas metas a largo plazo e intenta que esos sean los *principales objetivos que alcanzar* y recuerda que el ejemplo es el mejor modo de enseñar.

- *Ofrecer calidez (cariño).* Cuando un niño es querido de forma incondicional, pase lo que pase, se siente *protegido* y *aceptado.* Siente que en cualquier circunstancia estarán sus padres para ayudarle. El cariño le da seguridad cuando se equivoca y le brinda la posibilidad de poder rectificar. El amor hay que expresarlo con palabras, con besos, con abrazos, respetando y entendiendo sus sentimientos, jugando o riéndose con el niño…

- *Proporcionar estructura (límites y referencias).* Los límites son necesarios porque nos permiten ir tejiendo las *normas y valores.* Por otro lado, nos muestran las consecuencias de lo que hacemos y nos permite vivir situaciones que generan frustración y descubrimos cómo manejarla. Los límites y sus consecuencias deben ser explicados y razonados.

- *Comprender su desarrollo.* Cómo sienten y piensan los niños (Ver capítulo «La necesidad de dejarlos crecer: los mitos del desarrollo»).

- *Cómo solucionar los conflictos.* En el momento del conflicto es esencial el autocontrol y tener presentes cuáles son nuestros objetivos a largo plazo y ser su mejor ejemplo. Tener en cuenta su etapa de desarrollo e intentar entender por qué lo ha hecho.

¿Cómo gestionar las rabietas desde la disciplina positiva?

Las rabietas se ven como algo negativo, cuando en realidad no lo son: es algo normal en esta etapa psicoevolutiva en el niño y es una excelente oportunidad para que los padres aumenten su propia tolerancia a la frustración. Si se vive como una forma de aprendizaje mutuo, es una etapa de crecimiento personal para los padres.

¿Qué significas tú para tu hijo? ¿Cuál es la mejor forma de enseñarle?

Para tu hijo eres su referente, el espejo donde mirarse y su refugio, tu presencia para él es seguridad. Por tanto, la manera que tengas de comportarte ante las diferentes situaciones es la mejor y más eficaz forma de educar. Si tu idea es transmitir el respeto, la paciencia y el amor, esas serán las herramientas que debas usar cuando te relaciones con él, ante una rabieta también (piensa en los *objetivos a largo plazo*).

¿Por qué tienen los niños rabietas?

Las rabietas se producen por una dificultad en elaborar y expresar lo que realmente se siente, unido a que tienen escasa capacidad para recibir oposición a lo que hacen (baja tolerancia a la frustración). No te toman el pelo, no es una forma de retarte ni de medir las fuerzas, es su forma de expresar que no están de acuerdo. *Conocer las diferentes etapas del desarrollo* (Ver capítulo «La necesidad de dejarlos crecer») te permitirá entender por qué hacen las cosas y así poder darles lo que realmente necesitan. Según la definición de *Chile crece contigo*:

> «Las pataletas pueden presentarse por diferentes razones: deseos no satisfechos, formas de expresar rabia y/o irritabilidad, como método para conseguir algo, como expresión de algún malestar, entre otros. Casi la totalidad de los niños pequeños tiene en ocasiones este tipo de episodios, especialmente entre los 2 y los 4 años. Es importante entender que niños y niñas no tienen las mismas herramientas que los adultos para comunicar lo que sienten, necesitan y piensan. Las rabietas son una forma de comunicación y, por tanto, si das un espacio para tratar de comprenderlas y llegar a acuerdos, irán disminuyendo gradualmente en intensidad y frecuencia hasta casi desaparecer entre los 4 y 5 años».

¿Cómo actuar?

- Hay que recordar que es algo completamente normal.
- Tu hijo no lo hace para fastidiar.
- Es una oportunidad para que él aprenda mediante tu comportamiento y para trabajar tu propio autocontrol.
- Si puedes, no te alejes, no lo dejes solo; es su manera de decirte que no se siente bien y que te necesita. Si te pones

muy nervioso: sal de la habitación, respira profundamente y entra de nuevo.

• Trata de darle una alternativa real sin provocaciones (el objetivo no es ver quién gana, sino que poco a poco aprenda a gestionar sus emociones negativas).

• Deja para otro momento el poder razonar con él; cuando se le pase el enfado, explícale por qué es importante (límites claros).

• Sin gritos, sin ofensas, sin amenazas, sin golpes a objetos o a la pared, sin pegar al niño. Con todo el cariño del mundo.

La disciplina positiva: un reto lleno de satisfacciones. Mi experiencia como madre

La disciplina positiva me ha permitido sentir seguridad y sensación de bienestar conmigo misma, pase lo que pase. Es una caja de recursos infinitos, que tras algo de práctica te revoluciona como madre y como persona. Los cambios son tan evidentes que engancha. Una vez que consigues ponerla en práctica e interiorizar sus puntos básicos, siempre recurres a ella ante diferentes situaciones.

Continuemos con el ejemplo del apartado «Una forma de educar que te revolucionará la vida: la parentalidad positiva», y analicemos qué hacíamos antes y cómo lo gestionamos ahora.

En casa siempre tuvimos en cuenta la necesidad de trabajar su autonomía (Ver capítulo «La necesidad de dejarlos crecer: los mitos del desarrollo»), así que en la medida de lo posible hemos intentado que recoja sus juguetes, pero hoy está muy cansada, comienza a llorar, patalea y se niega a recogerlos.

¿Qué hacíamos antes?

- Intentábamos dar un margen y *decir claramente qué esperábamos de ella* «hija, recoge tus juguetes, por favor». Evidentemente, ante el cansancio era incapaz de gestionar sus emociones y el enfado aumentaba...

- «Ya te lo he dicho muchas veces. Por favor, recoge tus juguetes o... (Los tiro a la basura, Mañana no vamos a jugar, Se los damos a otros niños que valoren lo que tienen...)», es decir, *amenazas*. «¡Mamá no, por favor!» *Desconcierto, nerviosismo creciente, a veces más irritación y enfado. Y muchas veces, el miedo.*

- El final podía ser variado: perder los nervios y acabar gritando; esperar infinitamente con ella llorando y con enfado mutuo que iba en aumento hasta que finalmente recogiese los juguetes (ganaba yo, pero me sentía fatal), o ceder y recoger yo los juguetes (sensación de no haber sido capaz de poner límites e igualmente sentimiento de culpabilidad por no saber gestionar las emociones de ambas).

- Fuese como fuese, siempre generaba que *me sintiese mal conmigo misma.*

¿Qué hacemos ahora?

- Conozco a mi hija y sé que cuando está cansada es imposible que haga nada sin llorar y enfadarse, pero también sé que el baño es uno de sus momentos preferidos del día (*sé cómo es y cómo va a reaccionar*), pero es importante que recoja las cosas después de jugar (*límite*).

- Pensar en cuál es el *objetivo a largo plazo*: la empatía, ser capaz de encontrar alternativas y que aprenda a negociar. Sin amenazas, sin gritos, sin golpes... Explicarle que sé cómo se siente, darle una alternativa (baño) y ofrecerle ayuda.

- «Hija sé que estás agotada, cuando yo estoy cansada tampoco me apetece recoger, te entiendo perfectamente...» (*te pones en su lugar, la comprendes, validas sus sentimientos*) «...pero no podemos dejar todo en medio porque imagínate que vengo rápido y me caigo de culo ¡qué daño!...», hago un poco el payaso y nos reímos juntas (*sentido del humor*), «...mamá te ayuda y vamos juntas a preparar el baño ¿a ver quién lo hace más rápido de las dos?» (*ofrecer alternativa y ayuda*).
- El hilo conductor es el cariño, la empatía, mirar a los ojos y, si podemos, reírnos juntas. ¿Qué consigo? Sentirme bien y no provocar aún más dolor cuando sus emociones son negativas.

Bibliografía

Asociación Chilena pro Naciones Unidas (ACHNU): 2008 *Manual sobre disciplina positiva*, Ñuñoa-Santiago: s.n.

Attachment Parenting International, 2017. *Attachment Parenting International.* [En línea] Disponible en: http://www.attachmentparenting.org/principles/api

Capano, Á. & Ubach, A., 2013. Estilos parentales, Parentalidad Positiva y formación de padres. *Ciencias Psicológicas*, Mayo, 7(1) pp. 83-95.

Consejería de Salud. Junta de Andalucía, s.f. *Ventana abierta a la familia.* [En línea] Disponible en: http://www.janela-aberta-familia.org/es/content/apego-promocion-de-la-parentalidad-positiva-en-el-sistema-sanitario-publico-andaluz
[Último acceso: 3 diciembre 2017].

Escuela Andaluza de Salud Pública, 2017. *Ventana abierta a la familia.* [En línea] Disponible en: http://si.easp.es/psiaa/wp-content/uploads/2014/07/cuidadores_apego.pdf
[Último acceso: 3 diciembre 2017].

Franco Nerín, N., Pérez Nieto, M. Á. & de Dios Pérez, M. J., 2014. Relación entre los estilos de crianza parental y el desarrollo de ansiedad y conductas disruptivas en niños de 3 a 6 años. *Revista de Psicología Clínica con Niños y Adolescentes*, Julio, 1(2), pp. 149-156.

Jiménez, M. J., 2010. *Junta de Andalucía.* [En línea] http://www.juntadeandalucia.es/educacion/webportal/ishare-servlet/content/bfbb12cc-abc8-489e-8876-dd-5de0551052
[Último acceso: 3 diciembre 2017].

Palacios González, J. y otros, 2014. *PROYECTO APEGO sobre «evaluación y promoción de competencias parentales en el sistema sanitario público andaluz».* Parte 1, s.l.: s.n.

Palacios González, J. y otros, 2014. *PROYECTO APEGO sobre «evaluación y promoción de competencias parentales en el sistema sanitario público andaluz».* Parte 2, s.l.: s.n.

Palacios González, J. y otros, 2015. *Promoción de la parentalidad positiva durante la preparación al nacimiento y la crianza*, s.l.: s.n.

CAPÍTULO III

La necesidad de contacto del bebé

Los bebés necesitan el contacto para desarrollarse y los padres necesitamos espacios en los que poder encontrar la soledad, separarnos de nuestros hijos y cubrir nuestras necesidades básicas. Es una fase que pasa muy rápido y que bien llevada genera una sensación de placer y bienestar, mediados por una hormona mágica que se llama oxitocina. Coge a tu bebé todo lo que él necesite y tú puedas dar, teniendo en cuenta tus propias necesidades, porque el contacto es una de las primeras experiencias emocionales que puedes dar a tu hijo y tiene múltiples beneficios. Te cuento cómo cubrí la necesidad de contacto con mis dos hijas, el porteo, una experiencia única que espero poder seguir practicando por mucho tiempo.

CONTENIDO DEL CAPÍTULO

*No cojas tanto al bebé, que se
acostumbra.*

Sabiduría popular

El contacto, la pieza clave para satisfacer las necesidades básicas del bebé

Es una de las creencias más extendidas y que más dudas ocasiona; el instinto te invita a coger a tu bebé, besarlo y acariciarlo; ese instinto se frena en muchas ocasiones al escuchar una y mil veces «No cojas tanto al bebé, que se acostumbra». Los bebés no se acostumbran, sino que necesitan el contacto, es una de sus necesidades básicas junto con la alimentación y el sueño. Espero que ninguna familia vuelva a tener dudas, y si quiere tener a su bebé todo el día en brazos porque puede y le apetece, adelante, porque tiene múltiples beneficios tanto para el bebé como para los padres y es altamente recomendable.

El gran miedo es debido a una falsa creencia sin evidencia científica. Normalmente todos seguimos un razonamiento parecido: «si llevas al bebé mucho tiempo en brazos, cada día reclamará más tiempo, llorará si no lo puedes coger y no habrá marcha atrás, eso creará a un pequeño tirano y todo habrá sido culpa tuya porque ya te habían dicho una y mil veces que no debías tenerlo tanto tiempo en brazos».

El contacto piel con piel tras el nacimiento, los brazos, los abrazos, los besos, los masajes o el porteo, o cualquier forma de contacto, van a ser las primeras experiencias afectivas del bebé, que son necesarias para el desarrollo adecuado de los niños. Se ha visto en múltiples estudios que los niños que en los primeros años de vida son simplemente alimentados, sin recibir muestras de afecto, tienen mayor probabilidad de desarrollar enfermedades mentales, tienen baja autoestima y tienen dificultades para relacionarse (Ver apartado «El vínculo de apego: lo que el bebé nos da» en el capítulo: «La necesidad de ser alimentado»).

Los beneficios del contacto son mediados por la *oxitocina*, la cual se segrega tanto en el bebé como en los padres. La oxitocina es una hormona que favorece: la contracción uterina en el parto, la contracción de los músculos de la mama y la lactancia materna. Además, es una sustancia que hay en el cerebro y comunica unas neuronas o células cerebrales con otras (neurotransmisor). Activa los centros que provocan bienestar (centros de recompensa), produciendo placer, permite la cohesión entre grupos de personas y es fundamental para las relaciones sociales. Está relacionada con las emociones y con la inteligencia interpersonal. Por todos estos motivos la oxitocina se ha denominado «la hormona del amor».

Para los bebés, el contacto es imprescindible para la organización física, sensorial y emocional, así como para la formación de la personalidad y las relaciones sociales.

Los Cuidados Madre Canguro (CMC), una de las primeras evidencias científicas de los beneficios del contacto

Los cuidados madre canguro se iniciaron en el Instituto Materno Infantil de Bogotá (Colombia) por el Dr. Edgar Rey a finales de los años 70. Al tener un número de incubadoras limitado comenzó a poner a los bebés que nacían antes de tiempo (prematuros), cuando estaban estabilizados, en contacto piel con piel. Es decir, bajo la ropa de la mamá o el papá, con el bebé desnudo en sesiones mínimas de una hora a lo largo del ingreso hospitalario. Permanecían en contacto «piel con piel» durante todo el tiempo que fuese posible.

Beneficios de los cuidados madre canguro

Lo que comenzó como una necesidad por la falta de incubadoras, se ha demostrado que es más eficaz que estas cuando el bebé prematuro ya está estable y permanece ingresado para la ganancia de peso.

Los cuidados madre canguro tiene los siguientes beneficios:

- *Posee tanta eficacia como la incubadora* en el mantenimiento de la temperatura. Existe una «sincronía térmica»: si el bebé se enfría o calienta, la temperatura materna variará hasta compensarlo.

- *No aumenta el riesgo de apnea* (quedarse sin respirar). Consumen menos oxígeno y consumen menos energía.

- *No se incrementa el reflujo gastroesofágico* (que suba el contenido del estómago hacia la boca). Debido a la posición que adquieren, favorece la expulsión de gases y deposiciones y alivia el reflujo.

- *Disminuye la respuesta al dolor y al estrés*, y mejora la recuperación del bebé prematuro.

- *Mejora la organización del sueño*, aumenta el tiempo que pasan dormidos y la calidad de este.

- *Mejora el desarrollo neurológico*. El bebé recibe la «estimulación temprana» adecuada a su nivel de desarrollo. Estímulos adecuados en intensidad, variabilidad y duración, puesto que son los que elige el bebé según su nivel de desarrollo e interés, evitando la sobreestimulación (Ver apartado «La sobreestimulación» en el capítulo «La necesidad de dejarlos crecer: los mitos del desarrollo»). Es una estimulación de varios sentidos; oído, vista, tacto, equilibrio y olfativa.

- *Hace que la alimentación sea una experiencia alegre y agradable*. Promueve la iniciación, la exclusividad y el mantenimiento de la lactancia materna. En la madre, el contacto con el bebé incrementa el nivel de oxitocina y prolactina favoreciendo la lactancia. Por otro lado, el íntimo contacto fomenta la succión a demanda y permite a la madre aprender a identificar los primeros signos de hambre y movimientos de búsqueda de su bebe, lo cual supone una gran ayuda para el establecimiento de la lactancia materna, en un momento tan importante como son las primeras semanas.

- *Es una herramienta viable y disponible para el transporte*. Puede sustituir a una incubadora incluso en una ambulancia.

- *Fortalece el papel de la familia en el cuidado de un bebé prematuro*, porque capacita a la madre (y al padre) y a la familia en el cuidado del bebé y evita los sentimientos de impotencia y la ansiedad de separación.

- Favorece el alta precoz y reduce la estancia hospitalaria en los prematuros.

Al tener los Cuidados Madre Canguro tantos beneficios en prematuros se generalizó el contacto piel con piel en bebés a término, y se obtuvieron los mismos beneficios.

¿Cómo se realizan los Cuidados Madre Canguro?

- Contacto piel con piel en la sala de partos (en el caso ideal) o, cuando la salud del bebé lo permita, continuo y prolongado entre la madre y el bebé. En los casos en los que la madre no pueda realizarlo puede hacerlo el padre.

- Lactancia materna exclusiva (en el caso ideal). Aunque esta es una característica del contacto piel con piel, no es imprescindible, de hecho, los bebés que más se beneficiarían de un contacto piel con piel serían los alimentados con el biberón (Ver el apartado «¿Cómo dar el biberón?: a demanda y con contacto» del capítulo «La necesidad de dejarlos crecer: los mitos del desarrollo»).

- Inicio en el hospital con continuación en el hogar.

- Las madres que se encuentran en su hogar precisan de apoyo y seguimiento adecuados.

- Se trata de un método amable y eficaz que evita el ajetreo que predomina por norma general en el hospital (disminuye la sobreestimulación).

¿Por qué es tan importante el contacto piel con piel tras el nacimiento?

En los primeros mil minutos de vida se establecen las conexiones neuronales (células del cerebro) entre el cerebro emocional (la amígdala cerebral) y el cerebro social (la corteza prefrontal).

Si el bebé, en estos primeros momentos, se siente seguro al notar el contacto de la piel de su madre, al percibir el olor, al escuchar sus latidos y el mantenimiento de la temperatura, se establecen los circuitos neuronales de la oxitocina, tanto en la madre como en el bebé. Si este contacto no se produce, se desencadena en el bebé la secreción de cortisol, la hormona del estrés, y estos circuitos se establecen con más dificultad.

La naturaleza es mágica y *cuando un prematuro o recién nacido está en contacto piel con piel con un adulto, idealmente la madre, la frecuencia cardiaca (los latidos del corazón), la frecuencia respiratoria (la respiración) y la temperatura se sincronizan*, permitiendo, por ejemplo, que bebés que están con oxígeno en la incubadora, al estar en piel con piel, disminuye la necesidad de oxígeno o, incluso, dejan de necesitarlo; por tanto, no desestabiliza al bebé que está estable, sino que ayuda a mejorar su situación médica.

¿Qué es la oxitocina?

La oxitocina es una hormona que se segrega en una parte del cerebro, el hipotálamo, conocida como la hormona del amor y está muy relacionada con los patrones sexuales y con la conducta maternal y paternal.

¿Cuáles son las funciones de esta hormona?
Lactancia

En el momento del parto y por el contacto piel con piel, se produce una secreción brusca de oxitocina, que permite la instauración de la lactancia materna. Actúa en las glándulas mamarias causando la secreción de la leche. A su vez, la succión del bebé envía la información al cerebro de la madre e induce a las neuronas productoras a fabricar más oxitocina.

Contracción uterina

La oxitocina favorece la contracción uterina necesaria en el parto. Existe una fuerte relación entre lactancia, oxitocina y útero: durante la lactancia, se segrega oxitocina para que la leche pueda salir de la glándula mamaria hacia el pezón y, al mismo tiempo, tiene como efecto la contracción del útero ayudando a que este vuelva a su tamaño natural, disminuyendo así el sangrado o loquios de los primeros días después del parto, facilitando una recuperación más temprana y saludable de la madre. y favorece la lactancia. Esta, a su vez, al favorecer la secreción de oxitocina, ayuda a la contracción uterina.

Regula otras hormonas

La oxitocina, bajo ciertas circunstancias, inhibe indirectamente la liberación del cortisol (hormona del estrés).

Lazos maternales

La oxitocina en la madre se activa ante el llanto de su bebé o ante cualquier situación que le haga recordarlo. En el bebé se segrega oxitocina ante el contacto o al escuchar la voz de su madre.

Otros beneficios

• Aumento de confianza y reducción del miedo social.

• Incrementa la empatía en las relaciones interpersonales.

• Preparación de las neuronas fetales para el parto.

Los beneficios del contacto entre el bebé y los padres

Se ha visto que el contacto prolongado entre los padres y el bebé tiene múltiples beneficios tanto para el adulto como para el niño.

Beneficios para el bebé

Al estar en contacto, *el bebé se siente tranquilo y seguro*, inactivándose las hormonas que provocan estrés, como el cortisol. Los beneficios del contacto para el bebé son, en parte, «efectos colaterales» de ese predominio de oxitocina frente a hormonas estresantes. Por ello, el bebé podrá emplear su tiempo en explorar su entorno desde la seguridad, alimentarse y dormir, porque sus constantes, respiración, latido cardiaco y temperatura se sincronizan con las de sus padres. Es decir, *el contacto prolongado tiene los mismos beneficios que «los cuidados madre canguro»*.

Además, un contacto prolongado asegura:

- *Estimulación del sistema vestibular* (equilibrio): el constante movimiento al que está sometido un bebé llevado en brazos o porteado estimula los receptores del equilibrio en todas las direcciones del espacio.

- *Potencia el apego seguro*. El contacto constante (o el porteo) con el bebé fortalece el vínculo de apego (Ver apartado «El vínculo de apego: lo que el bebé nos da», en el capítulo «La necesidad de amor incondicional»).

- *Acomodación a las condiciones de su entorno*. El bebé, desde la seguridad de los brazos de sus padres, percibe lo que le rodea: su familia, los sitios en los que esta desarrolla su vida y el resto de personas y lugares de su entorno. Así, un bebé llevado por sus padres va tranquilo porque identifica, por las reacciones de estos, si hay algún peligro. En el caso contrario, el bebé se mantiene en alerta hasta que descubre por sí mismo la verdadera naturaleza de la amenaza.

- *Disminución del llanto.* Los bebés que pasan mucho tiempo en brazos o en portabebés lloran menos.

- *Previene y trata las plagiocefalias posturales* (aplanamiento de la parte posterior de la cabeza por estar mucho tiempo boca arriba). En 1992 la Asociación Americana de Pediatría (AAP) lanzó la campaña «back to sleep» (dormir boca arriba) tras la publicación de un estudio científico realizado en Nueva Zelanda en los años 90, que ha sido reproducido posteriormente y que demostró que los bebés que dormían boca arriba reducían un 40% la probabilidad de padecer el Síndrome de Muerte Súbita del Lactante (Ver apartado «Las normas de seguridad independientemente del lugar donde duerma el bebé», en el capítulo de «La necesidad de sueño del bebé»). Esta sencilla medida ha ocasionado la reducción drástica de dicho síndrome, pero, al estar los niños casi todo el día tumbados, han aumentado los casos de plagiocefalias posturales. El tener al niño mucho tiempo en brazos (o porteado) es la medida más eficaz para su prevención.

Beneficios para el adulto

- Favorece la lactancia materna. El contacto favorece la secreción de prolactina y oxitocina.

- Genera sensación de bienestar. Al disminuir las hormonas del estrés y favorecer la secreción de «la hormona del amor», genera sensación de placer y refuerza la necesidad de contacto por parte de ambos.

- Aprenden a interpretar con rapidez las señales de los hijos. Al tener un contacto más prolongado durante más tiempo, conoces antes a tu bebé.

- Los padres se sienten más seguros. Los bebés se encuentran más tranquilos y seguros, sus necesidades básicas están cubiertas, duermen más y mejor y lloran menos y, los padres sienten que son mejores padres.

- Disminuye la probabilidad de padecer depresión posparto, porque genera sensación de bienestar en el adulto y permite conocer más rápidamente a tu hijo; por tanto, los padres se sienten más seguros.

¿Cómo compite la necesidad de contacto del bebé con la de los padres?
El adulto necesita contacto, intimidad y soledad

Un adulto sano, tanto en la parte física como psicológica y emocional, necesita sus espacios propios e intimidad. Cuando un adulto tiene un bebé, una de las necesidades propias difícil de cubrir es la de estar solo hasta para el autocuidado y la higiene. Es necesario tener apoyos para disponer de esos momentos con uno mismo y buscar pequeños momentos de soledad; separarse del bebé también es necesario.

Por otro lado, el contacto conlleva tiempo, si lo realizamos cogiendo en brazos es un tiempo en el que realizar cualquier actividad es complicado porque tenemos las manos ocupadas. La mejor manera que he encontrado de cubrir la necesidad de contacto de mis hijas ha sido el porteo (Ver apartado «Portabebés y el porteo, una sensación placentera difícil de explicar» en este capítulo).

El bebé necesita el contacto casi de forma permanente

A menor edad, mayor necesidad de contacto. Si sumamos el tiempo que pasamos alimentándolos, que debería ser en íntimo contacto, cuando los cambiamos o bañamos y los que pasan en brazos, nos damos cuenta de que en los primeros meses el contacto ocupa gran parte del día.

Un punto de inflexión es cuando adquieren la capacidad de desplazarse al iniciar el gateo o los primeros pasos. Pasan a ser grandes exploradores y comienzan a necesitar separarse de sus cuidadores principales, siendo necesario que los dejemos que lo hagan en entornos controlados y comencemos a trabajar en su autonomía.

¿Cómo satisfacer la necesidad de contacto de tu bebé?

La necesidad de contacto es, junto al sueño (Ver capítulo «La necesidad de sueño del bebé») y la alimentación (Ver capítulo «La necesidad de ser alimentado»), una de sus necesidades básicas. Para satisfacerla hay múltiples formas, tantas como tipos de contacto existen: el contacto piel con piel, los besos, los abrazos, los brazos, los masajes, el uso de portabebés ergonómicos (porteo), entre otros.

Lo importante es que los bebés (y los padres) necesitan el contacto, no reprimas ese instinto, es muy beneficioso tanto para ti como para el bebé.

Los factores que determinan la necesidad de contacto del bebé

• *La lactancia materna cubre las principales necesidades del bebé:* contacto, succión nutritiva y succión no nutritiva (Ver apartado «Los grandes mitos de la lactancia materna: "el vicio de la teta" y "está usando la teta de chupete"», en el capítulo «La necesidad de ser alimentado»).

• *El biberón:* solo suple la parte nutricional, la succión no nutritiva se cubre con el chupete. La necesidad de contacto hay que cubrirla y es necesario saber que debes coger al bebé para ofrecerle el biberón (no se lo des en el carrito o en la hamaca); míralo, háblale, tócalo y déjale que te toque y si es «piel con piel», mejor (Ver apartado «¿Cómo dar el biberón? A demanda y con contacto», en el capítulo «La necesidad de ser alimentado»).

• *El carácter del bebé:* No todos los bebés demandan el contacto con la misma intensidad, pero todos lo necesitan y es una excelente estimulación precoz.

• *Las situaciones estresantes:* El contacto para un bebé es el mejor modo de tranquilizarlo y darle seguridad ante cualquier situación.

• *Una enfermedad:* Tanto para enfermedades de corta duración, como la fiebre, o de mayor duración, como el ser prematuro, el tener una discapacidad o una enfermedad crónica aumenta la necesidad de contacto.

Portabebés y el porteo, una sensación placentera difícil de explicar

El *porteo* es una buena forma de cubrir la necesidad de contacto de los bebés. Necesitan los brazos constantemente y los portabebés ergonómicos permiten, entre otras cosas, tener las manos libres, una postura que permite una adecuada higiene postural siendo cómodo para el adulto, además de innumerables beneficios. Para mi familia ha supuesto una revolución y para mí es una sensación única y placentera llena de bienestar. El sentir a tu bebé en cada momento te permite abrazarlo sin tener que sujetarlo. Es difícil de explicar si no lo has probado.

Cuando coges a un bebé en brazos, no puedes acariciarlo ni abrazarlo, porque tus brazos y tus sentidos están pendientes por mantener al bebé a salvo. Cuando no tienes que preocuparte por su seguridad física, eres libre para tocarlo, acariciarlo y abrazarlo como harías con alguien que se mantiene en pie por sí mismo. Tanto es así, que permite que el padre viva sensaciones similares a la de estar «embarazado», salvando las distancias, claro.

Por otro lado, los beneficios son innumerables tanto para el adulto como para el bebé. Uno de ellos es que elimina las barreras que ocasiona un carrito y ¡con las manos libres!, ¿te imaginas ir a la compra sola con un bebé de tres meses y una niña de tres años o ir en metro con un carrito? Sin el porteo sería más complicado, sin duda. Es cierto que necesita ciertos conocimientos técnicos, pero son sencillos. Mi hija de tres años portea a sus muñecos, así que la parte técnica no puede ser la excusa para no realizar algo que puede revolucionar el ser padres. Está claro que no podía escribir un libro sin compartirlo.

¿Qué es el porteo ergonómico?

Definición
En este caso, la Real Academia Española (RAE) no da una definición que nos sirva. *Portear* significa «conducir o llevar algo

de una parte a otra por el porte o precio convenido o señalado», con tantas horas de porteo a mis espaldas, me habría hecho rica. Portabebés según la RAE es «especie de cesta de plástico u otro material, acolchada en su interior, donde se transporta a los niños pequeños» que no es mentira, pero en la actualidad dada la gran cantidad de dispositivos disponibles, dicha definición queda, cuanto menos, limitada.

Entonces, ¿qué es el porteo ergonómico?

- *Porteo* es una forma de transportar al bebé que asegura un contacto continuo con el adulto que lo transporta (porteador).

- *Ergonómico* es un dispositivo que respeta la fisiología y la anatomía tanto del bebé como del adulto que portea. Es decir, asegura una postura adecuada de ambos.

¿Qué características tiene que cumplir un portabebés ergonómico?

- Dar un *soporte adecuado de la cabeza*. Es especialmente importante en los bebés menores de 3 meses, porque aún no pueden sujetar la cabeza por sí mismos, y en niños mayores cuando se quedan dormidos en el portabebés. Una adecuada sujeción permite que el cuello no se doble hacia delante (flexión), ya que este es uno de los principales factores de riesgo para la asfixia, porque cierra las vías respiratorias. Por otro lado, portear permite un adecuado moldeamiento de la cabeza, al evitar que el bebé pase tanto tiempo boca arriba. Por tanto, disminuye el riesgo de que se les deforme la cabeza por estar siempre en la misma postura (plagiocefalia postural).

- *Respeta la curvatura natural de la espalda*. Para ello tiene que ser un dispositivo flexible, pero con un ajuste firme.

Un portabebés ergonómico no tiene zonas rígidas que obliguen al bebé a adoptar determinadas posturas, sino que se adaptan a la posición natural que adquiere el niño según su etapa de desarrollo, permitiendo que la columna vertebral tenga la postura natural que adquiere el bebé según la edad y madure adecuadamente (Ver subapartado «El desarrollo físico» del apartado «Desarrollo de 0 a 6 meses. La etapa del contacto y las muestras de afecto», en el capítulo «La necesidad de dejarlos crecer»).

- *Soporte adecuado de la cadera:*

  - Rodillas más altas que las nalgas.

  - Soporte de corva a corva (parte posterior de la rodilla).

  - El peso recae sobre el periné (espacio anatómico entre los genitales y las nalgas), no sobre los genitales.

  - Esta postura de la cadera previene la aparición de deformidad en la cadera (displasia de cadera).

- *Higiene postural para el adulto* (Ver apartado «Los beneficios del porteo» en este capítulo).

¿Cómo usar un portabebés con seguridad?

Es esencial usar el dispositivo con seguridad, tanto si usas un portabebés ergonómico como no ergonómico.

- Infórmate de cómo usar el dispositivo. Antes de usar un portabebés por primera vez, acude a un taller de porteo o consulta al personal sanitario que te atiende habitualmente, para que puedas probar los diferentes dispositivos y comprar el que más se adapte a tus necesidades. También aprenderás el uso adecuado y seguro de este.

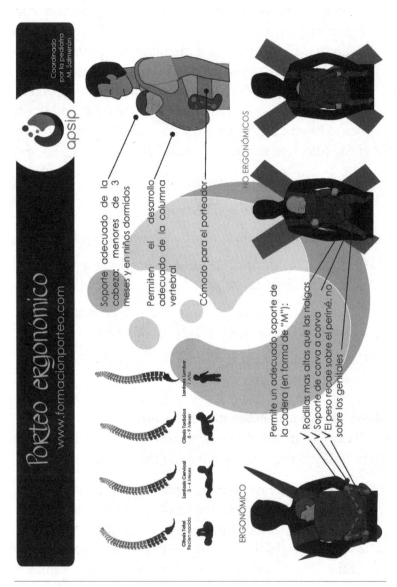

Figura 1. Porteo ergonómico.

Figura 2. Uso seguro del portabebés.

- Lee atentamente las instrucciones y las recomendaciones del fabricante.
- Colocar al bebé a la altura adecuada. La cabeza del bebé debe estar por debajo de la barbilla del adulto permitiendo darle al bebé un beso cómodamente en la cabeza y las nalgas del bebé por encima del ombligo del adulto que lo transporta. Preferiblemente en posición vertical (Ver Figura 3. Posición correcta del bebé en el portabebés).

Esta posición permite:

- Disminuir el desplazamiento del centro de gravedad del adulto, adoptando una postura adecuada para el porteador (Ver apartado «Los beneficios del porteo» en este capítulo).

- Garantiza el control visual para comprobar que la nariz y la boca (vías aéreas) queden libres y el bebé respire con normalidad.

Para conseguir la altura adecuada es necesario un ajuste correcto del portabebés. El ajuste tiene que ser firme y hay que dar un soporte adecuado a la espalda, a la cadera y a la cabeza. Si se afloja, el bebé puede irse hacia abajo y podemos perder el control visual.

Figura 3. Posición correcta del bebé en el portabebés.

¿Cuáles son los riesgos de uso de portabebés?
Si se usa un portabebés ergonómico de forma adecuada, el riesgo es muy bajo. El mayor riesgo de un uso incorrecto es la *asfixia del*

bebé. La asfixia es más frecuente en niños menores de tres meses, debido a un uso incorrecto de los dispositivos. Otro riesgo son los *golpes en el bebé provocados por caídas* del adulto cuando lleva al niño porteado. Aun así, es más seguro que llevarlo en brazos porque, en caso de caída, podemos apoyar las manos porque las tenemos libres.

Mantener las vías aéreas siempre libres
• La nariz no debe quedar pegada al cuerpo del porteador ni contra la tela del portabebés.

• La cabeza no puede estar flexionada (doblada hacia delante) o quedar cubierta por una prenda de ropa o el portabebés.

• Mejilla del bebé apoyada en el pecho del porteador.

Evitar abrigar excesivamente al bebé
Uno de los principales factores del Síndrome de Muerte Súbita del Lactante (SMSL) es el sobrecalentamiento del bebé. Evita que sude dentro del portabebés.

Recomendaciones para el adulto que lleva al bebé
• No realizar actividades peligrosas con el bebé porteado (al igual que cuando se lleva en brazos): cocinar, manipular sustancias químicas o de limpieza, comer o beber alimentos o bebidas calientes, deportes de riesgo o llevarlos en el coche (se deben usar sillas homologadas).

• Tener en cuenta el desplazamiento de nuestro centro de gravedad. Si lo llevamos delante, al igual que cuando estamos embarazadas se desplazará hacia delante y si lo llevamos porteado a la espalda el desplazamiento será hacia atrás. Mayor precaución en los primeros usos del portabebés, en desniveles y escaleras.

- No fumar. El tabaco es uno de los principales factores de riesgo en el síndrome de muerte súbita del lactante.
- No beber. La embriaguez aumenta el riesgo de accidente.
- No ingerir medicamentos que puedan producir somnolencia.
- Estar atento a los signos del bebé: que respire de forma adecuada y que no se agite.

¿Qué cuidados debemos tener en los menores de tres meses?

En este periodo de edad es más frecuente la muerte súbita del lactante, por su inmadurez, no solo por el uso de portabebés sino ante cualquier actividad. Por ello, en este rango de edad, es muy importante:

- Darle un soporte adecuada a la espalda y a la cabeza (hasta los 3-4 meses no la sujetan); la flexión de la cabeza puede ocasionar que las vías aéreas se cierren.
- Vías aéreas libres.
- Posición adecuada.

Los beneficios del porteo

El porteo permite obtener todos los beneficios de «piel con piel» y del contacto. Además, por ser ergonómico, respetan la anatomía del adulto y del bebé.

Bebé

- *Protege el desarrollo de la espalda.* Las curvaturas de la espalda son el producto de sucesivas adaptaciones para cumplir con la función de deambulación (Ver subapartado «El desarrollo físico» del apartado «Desarrollo de 0 a 6 meses. La etapa del contacto y las muestras de afecto», en el capítulo «La necesidad de dejarlos crecer»). El sistema de porteo debe permitir un adecuado desarrollo de la columna vertebral dando un soporte firme pero exento de rigidez que podría obligar a adoptar posturas al bebé para las que no está preparado en las distintas etapas del desarrollo.

- *Protege el desarrollo de las caderas.* La posición fisiológica típica del recién nacido es, junto con la cifosis de la espalda, la posición de las caderas en «postura ranita»: caderas ligeramente dobladas (*flexión*) y separadas (*abducción*). En esta postura se produce un correcto desarrollo de la cadera y previene la aparición de deformidades (displasia de cadera).

- *Favorece el desarrollo óseo y muscular.* En el portabebés hay mayor posibilidad de movilidad de todos los grupos musculares y, al no estar tumbados, todos los movimientos se hacen en contra de la gravedad, lo que aumenta la resistencia y se adquiere mayor tono muscular.

Adulto

- *Mejora la libertad de movimientos.* El uso del portabebés permite: tener las manos libres, pudiendo realizar actividades que no se podrían realizar con un bebé en brazos; desplazarse sin necesidad de llevar un carrito, con lo que se evitan gran parte de las barreras arquitectónicas que nos rodean; o facilitar la autonomía de personas con movilidad reducida..

- *Menor prevalencia de depresión posparto.* El contacto y la lactancia implican un dominio de la oxitocina y la prolactina, favoreciendo una disminución de las hormonas del estrés.

- *Higiene postural para el adulto.* Cuando cogemos a un bebé en brazos, nos desviamos hacia atrás forzando la región lumbar (parte baja de la espalda). Si lo cargamos sobre la cadera desviamos la columna hacia la cadera contraria. Sin embargo, cuando usamos un dispositivo ergonómico se distribuye adecuadamente el peso sin necesidad de tener que compensar desviando la espalda. Es decir, *el porteo ergonómico desvía en menor grado el centro de gravedad que si llevamos al pequeño en brazos.* Si está bien ajustado, no se nota presión en hombros, cadera o abdomen y es mucho más cómodo que llevarlo en brazos. Además, portear no tiene un impacto tan negativo como podríamos suponer en la higiene postural del adulto, siempre y cuando se use un portabebés ergonómico y que sea bien utilizado. Por otra parte, hay que tener en cuenta que el recién nacido pesa menos que el peso del feto más líquido amniótico y placenta, por tanto, el cuerpo materno está ya preparado para cargar ese peso. Conforme va creciendo, si el porteo es constante, la musculatura se va adaptando progresivamente, lo que, junto con la buena postura, resulta un ejercicio progresivo para la espalda. Sin embargo, si el porteo no se inicia con el recién nacido, sino con un bebé mayor, es necesario tener más precauciones cuanto mayor sea el peso: empezar poco a poco, en periodos de tiempo cortos, y con un portabebés de uso y ajuste sencillo.

¿Hay alguna base científica?

El porteo es la forma tradicional de llevar al bebé antes de que existiesen los carritos y es usado por múltiples culturas. Los portabebés ergonómicos además de asegurar un contacto continuo tanto del bebé como del adulto son ergonómicos, permitiendo una correcta postura del adulto y del bebé. Se ha demostrado que previenen y pueden servir como ayuda en el tratamiento de las deformidades de la cabeza (*plagiocefalia*) y de la cadera (*displasia de cadera*).

Mi experiencia como madre. El inicio del contacto

Aún recuerdo las primeras horas con mi primera hija tras su nacimiento. Fue un parto largo y agotador, como suele ocurrir en las madres que parimos por primera vez, pero todo se olvidó cuando pusieron a mi hija sobre mí. Aún recuerdo su olor, su piel como si fuera ayer. Ella comenzó a reptar y en escasos minutos encontró el pecho y comenzó a mamar. Nos pasamos horas sin separarnos, fue una experiencia increíble que nunca olvidaré.

Con mi segunda hija fue diferente, tras la dilatación no progresaba el parto, empezó con alteraciones de sus constantes vitales y tuvieron que hacer una cesárea urgente. Tras su nacimiento solo pasé unos minutos con ella, ya que tuve que ir a reanimación porque había perdido mucha sangre. Mi hija se quedó con su padre haciendo el «piel con piel». Fue la noche más larga de mi vida, estaba exhausta, pero no podía conciliar el sueño, ni siquiera me planteaba cerrar los ojos. No podía pensar en otra cosa que no fuese mi bebé. El sentido común me decía que estaba con la mejor persona que podía cuidarle en mi ausencia, su padre, pero, aun así, mi instinto y todas mis hormonas estresantes se dispararon y estaba acelerada, no me podía tranquilizar. Miles de preguntas llegaban a mis pensamientos, ¿por qué no puedo estar con ella?, ¿cuándo podré volver a tocarla?, ¿podré dar el pecho?, ¿cómo estará su padre? Sentía frío, miedo y estaba aterrada. Lo único que me calmaba era la voz amable de la enfermera, que me repetía insistentemente que no me preocupase, que todo iba a salir bien y me acariciaba; nunca podré agradecerle todo lo que hizo por mí.

A la mañana siguiente, tras el pase de visita, la anestesista me dio la mejor noticia: estaba estable, podía pasar a planta y por fin compartiría cada segundo con mi hija. Al llegar a la habitación, estaba sola y no venía nadie. Fueron escasos minutos, pero a mí se me hicieron eternos. Por fin entraron: mi marido, mi madre y mi hija; en ese mismo instante comenzamos un «piel con piel» que duró prácticamente todo el ingreso. En el hospital, me veían como una leona que cuidaba de su cría y se enfurecía ante cualquier intento de acercamiento hacia ella, pero me daba igual, desde la madurez de ser padres por segunda vez teníamos muy claro lo que queríamos y la opinión de terceros la aceptaba con una sonrisa, sin discusión, para luego hacer realmente lo que nos daba la gana.

Con el contacto piel con piel conseguimos una lactancia exitosa que aún hoy, mientras escribo estas líneas, continúa. Y el contacto sigue siendo una parte esencial de nuestra crianza, porteando cada día tanto su padre como yo y desando que el tiempo se detenga para que no termine este periodo de llevarla cerca.

Bibliografía

Armus, M., Duhalde, C., Oliver, M. & Woscoboinik, N., 2012. *Desarrollo emocional. Clave para la primera infancia.* Primera ed. Buenos Aires(Buenos Aires): Fondo de las Naciones Unidas para la Infancia (UNICEF).

Carceller Benito, F. & Leal de la Rosa, J., 2013. Plagiocefalia posicional. En: A. E. d. Pediatría, ed. *Libro Blanco de la Muerte Súbita Infantil.* Tercera ed. Madrid(Madrid): Ergon Creación, S.A., pp. 71-77.

Gobierno de Canadá, 2014. *Baby sling and carrier safety.* [En línea] Disponible en: https://www.canada.ca/en/health-canada/services/infant-care/baby-slings-carriers.html [Último acceso: 6 de noviembre de 2017].

Gobierno de Queensland, 2017. *Baby slings.* [En línea] Disponible en: https://www.qld.gov.au/law/your-rights/consumer-rights-complaints-and-scams/product-safety-for-consumers/safety-advice-and-warnings/baby-products/baby-slings [Último acceso: 6 de noviembre de 2017].

Graham, S. M., Manara, J., Chokotho, L. & Harrison, W. J., 2015. «Back-carrying Infants to Prevent Developmental Hip Dysplasia and its Sequelae: Is a New Public Health Initiative Needed?». *Journal of Pediatric Orthopaedics,* Enero, 35(1), pp. 57-61.

Grupo de Trabajo de Muerte Súbita Infantil - AEP, 2013. *Libro Blanco de la Muerte Súbita Infantil.* Tercera ed. Madrid (Madrid): Ergon Creación, S.A..

López Acuña, E. S. & Salmerón Ruiz, M. A., 2014. El porteo ergonómico. *Pediatría Integral,* XVIII(10), pp. 774-780.

Madre, C. y otros, 2014. «Infant deaths in slings». *European Journal of Pediatrics,* Diciembre, 173(12), pp. 1659-1661.

Maqueda Castellote, E., Gili Bigatà, T., Sánchez Pérez, S. & Escofet Soteras, C., 2012. Asfixia grave en una lactante por uso incorrecto del «pañuelo portabebés». *Anales de Pediatría,* Diciembre, 77(6), pp. 416-417.

Organización Mundial de la Salud, Departamento de Salud Reproductiva e Investigaciones Conexas, 2004. Método madre canguro. Guía práctica. Ginebra: Organización Mundial de la Salud.

Wu, C.-Y., Huang, H.-R. & Wang, M.-J., 2017. Baby carriers: a comparison of traditional sling and front-worn, rear-facing harness carriers. *Ergonomics,* 60 (1), pp. 111-117.

CAPÍTULO IV

La necesidad de ser alimentado

La alimentación sana y equilibrada depende no solamente del con qué se alimenta al niño; también depende del cómo, cuándo, dónde y quién lo alimenta. Si el tiempo que se dedica a la comida lo entendemos como una oportunidad de aprendizaje y de disfrutar en familia para intercambiar opiniones, llenando la mesa de complicidad, cariño y empatía, se evitarán la mayoría de los problemas relacionados con la comida.

CONTENIDO DEL CAPÍTULO

La comida es un periodo de aprendizaje
y amor –hablad con los niños y
mantened el contacto visual.
Principio de alimentación perceptiva.
OMS (2010)

¿Qué es la necesidad de ser alimentado?

Desde el nacimiento el bebé necesita alimentarse, siendo algo esencial para su crecimiento y desarrollo. Durante la infancia se adquieren los hábitos de vida saludables, que incluyen una dieta equilibrada y ejercicio físico, siendo importante cómo comemos y qué comemos, porque en la nutrición los hábitos de la familia son esenciales. Por otro lado, en nuestra cultura la comida tiene un matiz social muy importante porque gran parte del tiempo que pasamos juntos gira en torno a la comida y la mesa. En los tiempos que compartimos en torno a la mesa podemos alimentar solo el cuerpo o el cuerpo y el alma. Si nos centramos solo en la cantidad que comen nuestros hijos, convertiremos el tiempo de la comida en algo desagradable para ellos y para nosotros, los padres.

Nunca olvides que las necesidades de tu hijo pueden ser muy diferentes a las tuyas; en sabores porque le gusten otras cosas, en cantidad porque sea inapetente… No es recomendable obligar a un niño a que coma.

Lactancia materna, lo que nadie se atrevió a contaros

Esta parte del libro no pretende ser una guía práctica sobre lactancia materna, ni tan siquiera tiene la pretensión de «dar consejos». La lactancia es tan compleja y apasionante que se podría escribir un tratado sobre ella y afortunadamente ya hay manuales para padres y documentos descargables de gran calidad.

El objetivo es hablar de lo que generalmente se esconde: de la parte emocional y los mitos. Cabe esperar que el sentimiento que acompañe a la lactancia siempre sea positivo; total, ya tienes a tu bebé, que era lo que deseabas y le das el pecho ¿de qué vas a quejarte? Nada más lejos de la realidad, la lactancia es una relación muy peculiar entre dos personas, que está llena de buenos momentos, pero también de épocas duras, como puede ser el inicio de la lactancia y el destete, repleta de sentimientos encontrados que pueden hacer que os sintáis totalmente perdidos. El saber que esos sentimientos son normales, que no hay por qué avergonzarse o culpabilizarse y que muchos padres los esconden por pudor o por el miedo a sentirse juzgados, es imprescindible para poder sobrevivir en las dificultades. Respecto a los mitos, están tan arraigados en la lactancia que en muchas ocasiones se convierten en «creencias» ampliamente extendidas, incluso entre profesionales de la salud que no están adecuadamente formados, y que nuestro entorno puede repetir hasta la saciedad. Los mitos pueden provocar el cuestionarse si se está haciendo bien y crear culpabilidad innecesaria, que puede llevar incluso a abandonar la lactancia o a generar sentimientos de tristeza, impotencia e incluso dolor.

La decisión del tipo de lactancia es vuestra

«Seguramente tienes claro que la lactancia materna es la mejor forma de alimentar a los recién nacidos y bebés. Pero, también debes saber que además les proporciona protección frente a muchas enfermedades, favorece su desarrollo cognitivo y facilita el establecimiento de un apego seguro… Para ti la lactancia también supone muchas ventajas, puesto que disminuye el riesgo de hemorragias posparto y de enfermedades como el cáncer de mama y ovario, ayuda a perder el peso ganado durante el embarazo y, sobre todo, refuerza el vínculo y te va a permitir disfrutar de una relación íntima y única con tu hijo o hija. Por todo ello, la Organización Mundial de la Salud (OMS), recomienda la alimentación al pecho de forma exclusiva durante los primeros seis meses de vida y, junto con otros alimentos, hasta los dos años o hasta cuando la madre y el hijo o la hija lo deseen»[*].

Si hay algo que provoque insatisfacción al ser padres es sentir que uno está criando a su hijo de una forma diferente a la que realmente desea y hasta cierto punto puede ser algo que no llega a superarse del todo. La información adecuada en el embarazo, en un sentido amplio y sin ser juzgados, es imprescindible para la toma de decisiones.

Para una familia que realmente desea darle el pecho a su bebé y se siente presionada para hacer lo contrario, o es mal asesorada, es doloroso. Y al revés, cuando una familia está convencida de que no quiere o no puede hacerlo y se siente

---

[*] Grupo de trabajo de la *Guía de Práctica Clínica sobre lactancia materna. Guía para las madres que amamanten.*

juzgada o forzada a dar lactancia materna, provoca sentimientos parecidos y gran culpabilidad.

Aunque la decisión última del tipo de lactancia es ciertamente de la madre, se hace referencia a la familia porque el apoyo de la pareja es fundamental en todo el proceso y lo ideal es que sea una decisión consensuada por ambos.

Las ventajas de la lactancia materna son múltiples, pero lo mejor para un bebé es que sus padres estén bien y se sientan seguros en lo que hacen.

Lo que es importante que se conozca es que la lactancia materna, de forma instintiva, cubre las tres necesidades básicas del bebé: la alimentación, el sueño y el contacto (Ver «Los grandes mitos de la lactancia materna: "el vicio de la teta" y "está usando la teta del chupete"», de este capítulo). El bebé que tome biberón, por el hecho de comer en un «formato diferente» solo debería perderse el beneficio de lo que aporta en sí la leche, pero no la parte afectiva y de contacto, esencial en el desarrollo (Ver apartado «Cómo dar el biberón?: a demanda y con contacto», de este capítulo).

La lactancia materna no es intuitiva, muchas cosas hay que aprenderlas

Según la OMS: «La lactancia materna es un acto natural, pero al mismo tiempo es un comportamiento aprendido. Numerosas investigaciones han demostrado que las madres y otros cuidadores necesitan apoyo activo para iniciar y mantener prácticas apropiadas de lactancia materna».

«…Quizá dudes de tu capacidad para amamantar; sin embargo, debes saber que la inmensa mayoría de las mujeres sanas pueden hacerlo si lo desean. También conocerás mujeres con lactancias tan difíciles que han optado por abandonarla. Posiblemente muchas de ellas no contaron con el apoyo necesario, ya que la mayoría de los problemas de la lactancia tienen solución. Por ello, es conveniente que si tuvieses alguna dificultad acudas a un profesional especializado para que identifique la causa y te preste la ayuda necesaria. Mientras tanto, la lectura de esta guía y los grupos de apoyo pueden serte de utilidad»*.

Al contrario de lo que puede parecer, la lactancia, por muy natural que sea, no es intuitiva y se necesita formación e información para iniciarla y continuar hasta que se desee. En la cultura occidental, donde se está perdiendo la tribu y el dar de mamar es casi un acto íntimo, aún más, porque no se puede observar a otras madres ni compartir sus experiencias de lactancia. El principal objetivo de los grupos de lactancia es precisamente ese: que la experiencia de otras madres sirva de cuidado y apoyo a las madres recientes. Por otro lado, cada lactancia es diferente y el haber tenido problemas o no en la lactancia de tu primer hijo no significa que vayan a surgir en una segunda maternidad. Los animales mamíferos no siempre consiguen una lactancia eficaz y hay crías que «son rechazadas». Evidentemente, el ser humano, al poder buscar ayuda, consigue que la lactancia continúe a pesar de las dificultades.

Hay que tener en cuenta que la mayoría de las lactancias en algún momento van a necesitar ayuda externa y van a surgir dudas.

Es muy común, cuando las madres acuden a la consulta con problemas de lactancia, que inicien la pregunta cargadas

---

* Grupo de trabajo de la Guía de Práctica Clínica sobre lactancia materna. *Guía para las madres que amamanten.*

de culpabilidad con «No sé qué estoy haciendo mal, pero creo que… no engorda, tengo grietas, mi leche no es buena…».

> Cuando en una lactancia hay problemas no es culpa de nadie, no se está haciendo nada mal, no hay «mala leche» ni se es «mala madre». Solo indica que hay que buscar ayuda lo antes posible para que la lactancia pueda continuar.

En muchas ocasiones el entorno cercano da consejos que van dirigidos a no culpabilizar si se abandona la lactancia: «Dale biberón que no pasa nada», «Lo que tiene es hambre», «No te preocupes, yo tampoco he podido», «La lactancia es demasiado dura»… Pero si estás convencida de que quieres seguir, lo que necesitas es que te escuchen y obtener soluciones reales a tus necesidades; la posibilidad de dar el biberón ya la conoces. No tires la toalla y busca ayuda, porque casi siempre la solución es más fácil de lo que parece. Muchas lactancias se abandonan por no recibir el asesoramiento adecuado y llenas de culpabilidad al pensar: «No he podido dar el pecho cuando era lo que realmente deseaba».

Es recomendable informarse, incluso durante el embarazo, y conocer los grupos de lactancia más cercanos y tener alguna asesora localizada por si surgen problemas. Leer y acudir a algún taller te puede ayudar para saber qué hacer en los primeros momentos.

El papel del entorno más cercano y/o pareja

> La llegada de un bebé a una familia supone un reajuste emocional para todos. La función de la pareja y el entorno más cercano es esencial. Pueden capacitar a la madre

al sentirse escuchada y comprendida o pueden ser una fuente de conflicto. En el caso de la lactancia materna, aún más.

Por un lado, la lactancia materna requiere de mucha dedicación y las primeras semanas son extenuantes para la madre; para que continúe, es necesario el «apoyo logístico» para todo aquello que no sea alimentar al bebé. Por otro lado, la pareja puede sentirse relegada a un segundo plano porque la alimentación es solo de la madre y pasará mucho tiempo con el bebé.

¿En qué es necesario la pareja y/o el apoyo del entorno?:

- *El bebé necesita a una madre que se sienta capaz.* En las clases de educación maternal hablan del parto, pero en pocas ocasiones se explica qué pasa cuando vuelves a casa con tu bebé en brazos, dolorida, exhausta y en una montaña rusa emocional. En esta situación la pareja es esencial para poder sentirse con la seguridad suficiente.

- *Apoyo logístico.* Todo lo que no incluya la alimentación del bebé puede realizarlo otra persona. Incluye todas las tareas domésticas, el cuidado de los hijos mayores, si los hubiese, bañar y cambiar los pañales, pasear y dejar ratos para que la madre pueda descansar, ducharse y cubrir sus necesidades básicas, máxime si la madre da lactancia materna.

- *Mantener a las personas tóxicas en la crianza a raya.* Solo se dan consejos si uno es preguntado. Esto incluye a padres, suegros, tías, familiares y amigos de toda índole. La madre necesita apoyo, cariño y comprensión, no una ristra de críticas sin piedad.

- *Conseguir que las visitas se queden en su casa.* Tras el parto y en el inicio de la lactancia lo que menos se desea es estar rodeada de gente a todas horas. Hasta que la madre se sienta con fuerzas las visitas deben ser elegidas por la madre.

- *Apoyo afectivo y moral.* Mímala, cuídala, no le crees más dudas de las que ya tiene. Hablar las cosas sin tapujos, pero sin juzgar y sin catalogarla como buena o mala madre. Participa en el cuidado, permite que descanse, ofrece tu apoyo frente a cualquier situación y frente a cualquier crítica.

- *Ayudar a mantener la red social.* Si hay algo complicado en estos meses es ser algo además de madre. Dale tiempo para que pueda compartir con otras madres o para que quede con las amigas; en ocasiones es un balón de oxígeno que puede salvar situaciones difíciles.

- *Escuchar siempre.*

Los grandes mitos de la lactancia materna: «el vicio de la teta» y «está usando la teta de chupete»

El mito del «vicio de la teta» nace del intento de equiparar el biberón con la lactancia materna. El biberón suple únicamente la necesidad nutricional; si un bebé llora y se le ofrece el biberón y no tiene hambre, lo rechazará. Sin embargo, la lactancia materna le aporta al bebé mucho más que la leche en sí misma, es capaz de suplir todas las necesidades básicas del bebé sin hacer nada más y de una forma instintiva. Cuando el bebé toma lactancia materna, la sensación es que «está todo el día en la teta», pero no lo hace «por vicio», sino para cubrir sus necesidades básicas.

La lactancia materna cubre la necesidad de: el contacto, la alimentación o succión nutritiva y la succión no nutritiva.

- *El contacto.* Es una necesidad básica del bebé (Ver capítulo «La necesidad de contacto del bebé»). La lactancia materna se ofrece en íntimo contacto, la madre tiene parte de la piel descubierta, lo que permite que el bebé pueda tocar, oler y sentir. Estas son las primeras experiencias sensitivas del bebé, las cuales le permiten establecer las primeras relaciones afectivas con su madre.

- *La alimentación o succión nutritiva.* La leche materna es una fórmula natural programada y diseñada específicamente para cada bebé, que cubre todas las necesidades nutricionales hasta los seis meses de vida y aporta muchas defensas al bebé. La leche materna cambia su composición a lo largo de la toma, teniendo más cantidad de agua al inicio y más grasa al final. Se modifica según va creciendo el bebé y programa la cantidad en función de lo que se consume; a mayor succión y vaciado de la mama, mayor producción. El bebé puede demandar la teta y succionar con una finalidad nutricional, necesita alimentarse, es la denominada «succión nutritiva».

- *La succión no nutritiva.* La necesidad de succión no nutritiva es menos conocida, pero tan importante como la anterior. La succión le sirve al bebé para calmarse, relajarse, sentirse seguro y conciliar el sueño. Si un bebé se alimenta con biberón, la succión no nutritiva necesita ser cubierta y por eso se inventaron los chupetes. (Ver apartado «¿Cómo dar el biberón?: a demanda y con contacto» de este capítulo). Es la razón por la cual los bebés amamantados generalmente rechazan los chupetes y las tetinas, y se quedan dormidos al pecho; no las necesitan porque está perfectamente cubierta la succión no nutritiva. De esta necesidad nace otro gran mito de la lactancia materna: «Acaba de mamar, no le des más que está usando la teta de chupete», sin embargo, son los bebés con lactancia artificial los que «usan el chupete de teta».

Lo más duro de la lactancia materna: el inicio y el final

La lactancia tiene un periodo sencillo y placentero tanto para el bebé como para la mamá. A partir de las 6-8 semanas de vida del bebé, cuando han pasado las dificultades iniciales y el bebé tiene la madurez suficiente como para hacer una succión más rápida y eficaz, las tomas son de escasos minutos. El bebé comienza a querer explorar el mundo y, aunque necesita aún mucho contacto, la relación no es tan dependiente. Por otro lado, la lactancia materna, a nivel logístico, es simple: no necesitas nada para dársela, puedes ofrecérselo en cualquier lugar y por la noche no es necesario ni encender la luz, con lo que se pierde menos tiempo de sueño.

El inicio

El inicio es extenuante a nivel físico y está lleno de dudas. Si la lactancia materna cubre varias necesidades básicas del bebé y, al inicio, esas necesidades son permanentes, cabe esperar que la madre tenga que estar disponible la mayor parte del tiempo. En esta etapa las tomas son muy largas, frecuentes y necesitan a mamá para cubrir la necesidad de contacto y la succión no nutritiva. La madre, además, viene de un proceso duro y difícil como es el parto y el posparto (Ver apartado «Del posparto hasta que llegue la "calma": la madre leona», del capítulo «La necesidad de ser padres»). El cansancio puede ser extenuante y la sensación de dependencia absoluta del bebé es abrumadora. La madre siente que no tiene tiempo para cubrir sus necesidades básicas. Suele ser una fase llena de incertidumbre, marcada por el cansancio extremo y dominada por sentimientos cambiantes.

La mayoría de los problemas que surgen en esta etapa son debidos a un enganche inadecuado que puede solucionarse con la ayuda necesaria. Las dudas más frecuentes son:

- Respecto a la propia capacidad de la madre. Por el tamaño del pecho, por la forma del pezón, por la cantidad o la calidad de la leche, por hacerlo mal, por no ser capaz... Nada es un impedimento para conseguir una lactancia feliz, pero si surgen problemas es necesario recibir ayuda (Ver apartado «La lactancia no es intuitiva, muchas cosas hay que aprenderlas» de este capítulo).

- Todo lo que le ocurra al bebé es culpa de la lactancia. Cualquier llanto o queja se achaca a que no come lo suficiente y se recurre a dar suplementos de leche artificial como primer recurso para solucionar el problema. Esta situación frustra a las madres que realmente buscan una lactancia materna exclusiva, lo que necesitan es saber si su bebé está bien, si la técnica es adecuada y ayuda para calmar el llanto. El recién nacido se está adaptando a un medio muy diferente al que estaba acostumbrado y el llanto es una forma de comunicación y no siempre tiene que estar relacionado con la necesidad de ser alimentado, puede estar reclamando contacto o succión no nutritiva.

- «No lo cojas tanto que se acostumbra» (Ver capítulo «La necesidad de contacto del bebé»).

- «Si se duerme en el pecho estás perdida». El sueño y la lactancia materna están estrechamente relacionados:

  - La leche materna tiene triptófano, que induce al sueño. Es un componente natural de la leche materna, con más concentración en el calostro que en la leche madura, e interviene en la regulación el sueño.

- La succión no nutritiva ayuda a conciliar el sueño. Por ello, los bebés alimentados con lactancia artificial necesitan el chupete.

- Los bebés con lactancia materna exclusiva tienen más despertares y un sueño más superficial que los protege del Síndrome de muerte súbita del lactante y aseguran el mantenimiento de la lactancia materna.

- Las madres que amamantan de forma exclusiva a sus hijos, tanto al mes como a los tres meses de edad, duermen incluso más tiempo que las que utilizan algo de fórmula por la noche o alimentan a su hijo de forma artificial, y el colecho favorece el descanso de ambos.

Una de las consultas más frecuentes relacionadas con la lactancia materna y el sueño es: «¿Qué ocurrirá cuando yo no esté y otra persona tenga que dormir al bebé?» Muchas mamás sienten que van a ser las únicas capaces de dormir a sus hijos, y eso crea culpabilidad y sensación de impotencia ante la separación. El sueño es una necesidad básica e imprescindible. La persona que se quede con el bebé encontrará el modo de hacerlo. En muchas ocasiones el bebé llega a entender que no está mamá y que tiene sueño y consigue dormirse sin ningún tipo de ayuda; hay otros que en esas situaciones aceptan el chupete, cantando, calmándolos en brazos... Cada cuidador habitual encontrará la forma que mejor se adapte a él y cada bebé es un mundo, pero lo que sí es seguro es que si necesita dormir en tu ausencia, lo conseguirá, no tienes nada de lo que preocuparte.

El final
¿Qué es el destete?

Si el inicio de la lactancia puede ser complejo, *el final está lleno de nostalgia*. En realidad, terminar la lactancia materna es finalizar una relación muy especial entre dos personas que se quieren, y mucho; una madre y su bebé. Solo deben intervenir en el proceso del destete los dos protagonistas y ellos son los que tomarán la decisión de cuál es el mejor momento para terminarla; nadie debería opinar sobre el cuándo, el cómo o el porqué.

El destete no es un momento, es un proceso y no tiene por qué tener una duración determinada. Cada destete y cada lactancia son diferentes, porque cada persona es un mundo; las necesidades y las circunstancias son diferentes.

El proceso del duelo

Cuando llega el momento muchas familias se sienten perdidas y muchas madres incomprendidas. Los sentimientos son difíciles de explicar y las dudas son incesantes, porque el vínculo que se establece es tan intenso y tan especial que, incluso cuando la mamá está convencida de que ya ha llegado el momento, se vive un *duelo* (dolor) por la pérdida de la lactancia. Si la decisión la ha tomado el bebé y la madre aún no está preparada el dolor puede ser muy intenso. Si la madre necesita por cualquier razón dejar la lactancia en un corto periodo de tiempo, y el bebé aún no está preparado, el proceso puede ser muy doloroso para ambos.

El entorno puede tener dificultades para comprender el duelo que supone el destete, porque puede interpretar que dejar la lactancia es una liberación para la madre y para el bebé. Incluso en las situaciones en las que la madre está convencida de que ha llegado el momento de empezar el camino de dejarla, existen múltiples miedos: a que el bebé sufra, a cómo suplir adecuadamente la necesidad de contacto y succión no nutritiva que la lactancia materna también cubre, a cómo actuar en los momentos de crisis del bebé, a qué hacer cuando dude si terminar o no definitivamente la lactancia....

El destete es un proceso que suele ir acompañado de dolor. La intensidad del duelo depende de las necesidades del bebé y de la mamá, así como de las circunstancias en las que se produzca. Es un proceso que requiere de apoyo y comprensión.

Tipos de destete

El *destete progresivo* permite tanto a la madre como al bebé adaptarse a la nueva situación y poco a poco ir encontrando otros momentos de intimidad y otras formas de contacto. Sin prisa, haciendo caso a las necesidades y a los sentimientos de cada momento y, aunque sea difícil, hay que intentar evadirse de las presiones externas.

Cuando creas que ha llegado el momento de iniciar el destete es normal que sientas miedo e incertidumbre porque vas a iniciar un camino que sabes cuándo empieza, pero desconoces cuándo y cómo terminará. Sé sincera contigo misma y con tu bebé. Haz en cada momento exactamente lo que necesites y no te sientas presionada por las críticas que puedas recibir. Si te sientes perdida o triste, busca ayuda en un grupo o en una asesoría de lactancia.

El *destete unilateral* tiene lugar cuando el bebé o la mamá finalizan la lactancia sin poder vivir un proceso de adaptación. Hay bebés que de un día para otro y sin previo aviso deciden destetarse, o madres que por diferentes circunstancias necesitan un destete exprés. En ambos casos la madre puede vivir un proceso emocionalmente traumático. A nivel físico tampoco es fácil, porque al pecho no le ha dado tiempo a adaptarse y seguirá produciendo la misma cantidad de leche, siendo doloroso y aumentando el riesgo de infección. En ambos casos es frecuente necesitar un asesoramiento especializado.

Lactancia artificial
¿Cómo dar el biberón?: a demanda y con contacto

La lactancia materna, además de ser un alimento, al ofrecerse en íntimo contacto, es una experiencia afectiva (Ver capítulo «La necesidad de contacto del bebé»). Por otro lado, cubre la necesidad de *succión no nutritiva* que permite calmar al bebé, conciliar el sueño... Por todo ello la lactancia materna tiene múltiples beneficios.

Independientemente del tipo de lactancia que se elija: materna o artificial (Ver apartado «La decisión del tipo de lactancia es vuestra»), el bebé necesita contacto y succionar fuera de los momentos de lactancia usando el chupete.

Al dar a tu bebé el biberón deja que te toque; no le cubras las manos con manoplas y deja un espacio de piel descubierto para que pueda acariciarte y olerte. Míralo, sonríele, háblale y descubre el olor especial que desprende. No te limites a cogerlo cuando coma, aprovecha cualquier oportunidad para suplir su necesidad de contacto.

La lactancia artificial también debe ser *a demanda*. No es necesario esperar un tiempo determinado para dar el siguiente biberón si crees que tu bebé tiene hambre. Habrá tomas que aguante cuatro horas y otras solo dos. Los bebés son humanos y tendrán apetito en función de la actividad, de si está en una fase de crecimiento rápido, etc.

Esterilización de los biberones
¿Qué es esterilizar?

La *esterilización* es un proceso de desinfección que permite matar los gérmenes que podrían ser dañinos para la salud.

Para esterilizar se recomienda hervir los utensilios (Ver más adelante) o utilizar los dispositivos que existen en el mercado para tal fin. Si se lava en lavaplatos no es necesario esterilizar.

¿Qué cosas tenemos que esterilizar y por qué?

Se deben esterilizar: chupetes, todos los componentes de los biberones (tetinas, anilla, botella, tapones, válvulas si las tuviese…) y los componentes del sacaleches que entran en contacto con la leche materna.

El motivo por el cual se sigue recomendado esterilizar es que la preparación, la limpieza y el almacenaje de los biberones se realiza en la cocina de casa, donde se preparan alimentos crudos que pueden contener microorganismos, y los biberones «son expertos» en almacenarlos en su superficie. Algunos de esos microorganismos pueden provocar infecciones importantes en todas aquellas personas con defensas bajas, como los bebés menores de tres meses o los bebés prematuros.

¿Cuándo es necesario esterilizar?

Actualmente la esterilización se considera un método «extra» de protección que es recomendable realizar:

- En el primer uso de los utensilios porque se pueden contaminar en el proceso de fabricación.

Y *una vez al día* en los siguientes casos:

- Los primeros tres meses de vida, porque el sistema inmunitario del bebé es aún inmaduro.

- En mayores de tres meses si son bebés prematuros o que tengan alguna enfermedad que afecte al sistema inmunitario. El momento de finalizar la esterilización en estos casos es individualizada, pregunta a tu pediatra.

¿Y por qué no esterilizar tras cada toma?

• Da una falsa sensación de seguridad, parece que si se esterilizan los utensilios quedan limpios y ya no pueden contaminarse y se deja de prestar atención a las principales causas de contaminación: las manos y el almacenaje de los utensilios.

La causa más frecuente de transmisión de enfermedades es la inadecuada limpieza de las manos. Es necesario que cuando cojamos al bebé, toquemos sus utensilios para comer, el chupete o vayamos a preparar la comida, nos lavemos las manos con agua y jabón dedicando al menos 30 segundos. Otra causa habitual es el incorrecto almacenaje de los utensilios; una vez secos hay que montarlos y almacenarlos en un lugar seco, protegidos de la luz y alejados de los alimentos.

La esterilización correcta es complicada de hacer. Para que fuese adecuada, tendría que realizarse justo antes de dar el biberón y toda la manipulación de los utensilios hay que hacerla con pinzas estériles; eso en casa es imposible y no es necesario.

La esterilización que podemos hacer en casa es una limpieza más profunda que la que se consigue si usamos agua y jabón, pero no es una verdadera esterilización. Por tanto, no es necesaria realizarla en cada uso, con hacerla una vez al día es suficiente.

¿Cómo esterilizar?

• Desmontar todos los utensilios pieza por pieza.

• Limpiar previamente todos los utensilios (Ver apartado: «La limpieza de los utensilios: lavado a mano y en lavaplatos»).

- Llenar una cazuela grande con agua.
- Sumergir en el agua los utensilios. Asegurarse de que lo que se quiere esterilizar esté completamente cubierto por el agua y de que no queden en su interior burbujas de aire.
- Cubrir la cazuela con una tapadera y llevar a ebullición a fuego vivo durante 5 minutos, asegurándose de que el agua no llegue a evaporarse por completo.
- Secar al aire sobre papel de cocina absorbente que se tirará una vez los utensilios estén secos.
- Una vez secos, montar los utensilios y guardarlos.

Se pueden utilizar los aparatos de esterilización existentes en el mercado, siguiendo las normas del fabricante.

La limpieza de los utensilios: lavado a mano y en lavaplatos

Lavado a mano

El estropajo que se usa para limpiar los utensilios de cocina puede contener restos de alimentos y gérmenes. Por eso hay que tener un estropajo solo para la limpieza de los utensilios del bebé. Lo más recomendado es un limpia-biberones, porque nos permite llegar con mayor facilidad a toda la superficie.

La limpieza de todos los utensilios del bebé la debemos realizar sobre un recipiente que solo utilicemos para tal fin y no directamente sobre el fregadero.

Cuando hayamos terminado de fregar a mano, el limpia-biberones y el recipiente hay que limpiarlos con agua y jabón, dejarlos secar al aire y guardarlos.

El agua que usemos para limpiar los biberones, tetinas… puede ser templada o fría según deseemos.

Pasos que seguir para lavar a mano los biberones

Paso 1. Lavarse las manos con agua y jabón.

Paso 2. Desmontar todo aquello que vayas a limpiar (botella del biberón, tetinas, anilla, tapadera del biberón…).

Paso 3. Enjuagar con abundante agua corriente las diferentes partes para eliminar los restos de leche.

Paso 4. Llenar el recipiente que vayamos a utilizar con agua y jabón. No lavar directamente en el fregadero.

Paso 5. Lavar concienzudamente con agua y el jabón habitual todos los utensilios que vayas a utilizar para preparar y dar el biberón con el limpia biberones. Frotar el interior y el exterior, asegurándote de eliminar todos los restos de los lugares de difícil acceso.

Paso 6. Aclarar con abundante agua para que no queden restos de jabón.

Paso 7. Dejarlos secar al aire en un lugar seco, sobre papel absorbente (solo usar una vez y tirar). No secar con trapos o servilletas de tela.

[147]

Lavado en lavaplatos

Leer cuidadosamente las recomendaciones de cada fabricante, porque algunos utensilios no pueden meterse en el lavaplatos.

Paso 1. Lavarse las manos.

Paso 2. Desmontar todo aquello que vayas a limpiar (botella del biberón, tetinas, anilla, tapadera del biberón…).

Paso 3. Enjuagar con abundante agua corriente las diferentes partes para eliminar los restos de leche.

Paso 4. Colocar los utensilios en la cesta superior del lavaplatos. Las partes pequeñas (tetinas, anillas, tapaderas…,) pueden meterse en una bolsa-redecilla para que no se caigan.

Paso 5. Una vez haya finalizado el programa de lavado, sacar los utensilios del lavaplatos y dejarlos secar al aire en un lugar seco, sobre una servilleta de papel absorbente. No los seques con trapos o servilletas de tela.

¿Cómo preparar los biberones y conservarlos?
¿Qué tipo de agua utilizo, embotellada o del grifo?

El agua embotellada no presenta ningún beneficio frente al agua potable del grifo, «si tú puedes consumir el agua del grifo, tu hijo también». Se ha extendido el uso de agua embotellada frente a la del grifo por la falsa creencia de que está libre de gérmenes, pero eso no es cierto.

Si se compra agua embotellada, debe ser de mineralización débil y especificar claramente en el etiquetado que sea «apta para alimentación infantil».

¿Es necesario usar agua hervida para preparar los biberones?

Sí, cuando necesitemos transportar el agua y no vaya a consumir el biberón inmediatamente en los niños menores de tres meses, prematuros o bebés con problemas inmunológicos. En todos estos casos se recomiendan hervir el agua durante 1 minuto.

Paso 1. Lavarse las manos.

Paso 2. Hervir el agua y dejar enfriar. Evitar el uso de microondas porque aumenta el riesgo de quemar al bebé (puede calentarse mucho el agua y poco el exterior).

Paso 3. Echar el agua dentro del biberón.

Paso 4. Añadir las medidas rasas de leche (por cada 30 ml de agua 1 medida rasa de leche).

Paso 5. Cerrar el biberón y agitar hasta que el contenido quede disuelto.

Paso 6. Comprobar la temperatura del biberón vertiendo unas gotitas en la parte anterior de tu brazo (no del bebé).

El agua embotellada, el agua del grifo y la leche en polvo pueden contener bacterias. Cuando preparamos el biberón con agua que acaba de salir del grifo y se lo damos al bebé inmediatamente, es poco probable que las bacterias se reproduzcan. Sin embargo, si transportamos el agua, el riesgo aumenta. También es importante que la leche que haya dejado el bebé no se almacene y, por tanto, se deseche, para evitar que se contamine.

Si no se dispone de agua hervida, se puede usar agua potable para preparar los biberones, siempre que se vaya a preparar y consumir el biberón de inmediato. *No transportar agua caliente que no haya sido previamente hervida.*

La alimentación complementaria sana y equilibrada

La alimentación complementaria ha cambiado enormemente en los últimos años, ya no se dan calendarios rígidos a los padres, y tiene un sentido experimental y educacional para el niño.

La alimentación sana y equilibrada para un niño es igual a la del adulto:

- Evitar los alimentos procesados y ultraprocesados (es mejor lo fresco a lo congelado y lo hecho en casa a lo envasado). Siempre será más sano un bizcocho casero que uno comprado ya hecho.

- Evitar los alimentos ricos en azúcar, ya sean naturales o procesados: chucherías, bollería industrial, zumos naturales o comprados, alimentos procesados con azúcar añadido…

- Aumentar el consumo de fruta entera (no licuados ni zumos), verdura (más cruda que cocida), legumbres y cereales, mejor de grano completo (arroz, trigo, maíz, cebada, centeno...) por su alto contenido en proteínas vegetales, vitaminas y minerales.

- Las proteínas animales son necesarias porque contienen vitamina B_{12}, pero, en general, se come más proteína animal de la necesaria. En cantidad, el plato principal debería ser la verdura, la legumbre o el cereal y la proteína animal debería ser «la guarnición». Más pescado que carne y huevos. Si es pescado azul de pequeño tamaño, como la sardina, mejor.

- 500 ml de leche o derivados lácteos es suficiente en niños mayores de un año como principal fuente de calcio.

- Beber entre 4 y 6 vasos de agua al día (los adolescentes y adultos 8 vasos) y siempre que haya sed. Evitar otro tipo de bebidas, lo más sano es el agua.

- Ejercicio físico y mantenerse activos.

La dieta equilibrada es rica en fruta, verdura, legumbres y cereales de grano completo. La guarnición del plato tiene que ser la carne, el pescado y los huevos.

¿Qué es la alimentación complementaria y por qué es importante?

Se denomina *alimentación complementaria* a todo alimento distinto a la leche que come un bebé. Es complementaria, precisamente por eso, porque complementa al alimento fundamental, que sigue siendo la leche, tanto si toma pecho como si toma biberón.

La alimentación complementaria es necesaria porque la leche materna y la artificial comienzan a ser deficitarias en algunos nutrientes a partir de los seis meses y «aprender a comer» ayuda y favorece el desarrollo del niño en su conjunto. Por ejemplo: el iniciar las texturas y la masticación favorecen el desarrollo del lenguaje; probar diferentes sabores y tipos de alimentos permite que sea más fácil establecer una dieta variada, sana y equilibrada; aprender a comer sin ayuda favorece el desarrollo psicomotor.

¿Cuándo y cómo empezar?

La edad recomendada para que se inicie la alimentación complementaria es *entre los cuatro y los seis meses de edad*, pero más importante que la edad es que el niño tenga el desarrollo necesario para poder hacerlo.

La edad mínima son los *4 meses,* porque es el momento en el que el riñón y el tubo digestivo están suficientemente maduros como para absorber y metabolizar alimentos distintos a la leche.

Entre los *4 y los 6 meses* de edad es posible añadir alimentos que podamos introducir en el biberón, como los cereales. Para usar la cuchara es necesario que el reflejo de extrusión de la lengua (cuando introducimos algo en la boca el bebé lo expulsa con la lengua) haya desaparecido completamente, y esto ocurre habitualmente en algún momento entre los 4 y los 6 meses de edad.

La leche es deficitaria en hierro y a los *6 meses* no cubre las necesidades del bebé. Por ello deben tomar alimentos con alto contenido en hierro, como la ternera o los cereales fortificados con hierro. Esa es la razón por la que es recomendable que la alimentación complementaria se inicie, como muy tarde, a los seis meses.

Cuando un bebé puede sentarse sin apoyo, permitiendo que pueda usar las dos manos para alimentarse, coger un vasito o empezar a usar los cubiertos, sería la edad recomendable para iniciar el Baby Led Weaning (Ver apartado: «"Baby Led Weaning": el destete dirigido por el bebé» de este capítulo).

Existe un «periodo crítico» entre los *8 y los 10 meses* para iniciar las texturas y los diferentes sabores. El inicio de texturas y alimentos sólidos es necesario porque favorece el desarrollo de la musculatura de la masticación, que está muy relacionada con el lenguaje. Tras los 10-12 meses suelen rechazar sabores y texturas nuevas.

¿Hay que iniciar los alimentos siguiendo un orden establecido?

No, el orden de los alimentos está más influenciado por la cultura que por la ciencia. En cada país hay un orden diferente en función de sus costumbres y la accesibilidad o no a determinados alimentos.

Puedes empezar por el alimento que prefieras, no hay razones científicas para aconsejar uno u otro.

Aunque parezca increíble, no es necesario empezar por los cereales procesados. Suele ser el primer alimento porque se pueden añadir al biberón (se podrían usar antes de la desaparición del reflejo de extrusión de la lengua) y están fortificados con hierro (Ver apartado «¿Cuándo y cómo empezar?»). Pero no siempre es aconsejable esa forma de introducir los cereales. Por ejemplo, para un bebé de seis meses con lactancia materna exclusiva, empezar con los cereales supondría que la mamá tiene que extraerse la leche para añadirlos (incómodo e innecesario). En este caso el bebé podría tomar arroz de grano completo, que es un cereal, y ternera, que es rica en hierro.

¿Hay algún alimento que sea conveniente retrasar?

Hasta hace poco se recomendaba retrasar la introducción de alimentos alergénicos como el huevo, el pescado o el gluten, pero en diferentes estudios se ha visto que retrasarlos puede incluso aumentar el riesgo de alergia.

> El pescado, el huevo y el gluten se empezarán a ofrecer en cualquier momento entre los 6 y los 12 meses. No hay motivo para esperar.

Lo importante para detectar posibles alergias o intolerancias es empezar los *alimentos nuevos uno a uno* (si introducimos varios a la vez será complicado saber cual es el responsable), y *dar el alimento nuevo tres o cuatro veces seguidas* (para asegurar que ha tenido más de un contacto con ese alimento).

Alimentos prohibidos en el primer año de vida

- *Frutos secos enteros*, por el riesgo de atragantamiento. Evitar hasta los 3 años o más (no hay prisa). Triturados se pueden dar.

- *Miel*, debido a que puede contener *Clostridium botulinum*. Es poco frecuente, pero produce una infección que es grave porque produce una parálisis generalizada. Los cereales industriales para niños que contienen miel están tratados a altas temperaturas y las elimina. Además, la miel no es un alimento que sea esencial (porque tiene un alto contenido en azúcares) en esta etapa.

- *Sal y azúcar.* No añadir sal o azúcar cuando preparemos alimentos al bebé. Evitar los alimentos naturales o procesados con alto contenido en sal o azúcar: jamón serrano, aperitivos salados, zumos naturales o industriales, bollería, miel, productos envasados con azúcar añadido...

[154]

Alimentos que conviene restringir

- *Pescados grandes.* Como hemos visto, el pescado es recomendable a nivel nutricional y es aconsejable consumir
más pescado que carne. En los últimos años hay una alerta sobre el alto contenido de mercurio en el pescado y la
necesidad de restringir su consumo en embarazadas y niños menores de tres años, porque el mercurio afecta al desarrollo del sistema nervioso central. Entonces, ¿comemos
pescado o no? Teniendo en cuenta el riesgo y el beneficio,
hay que evitar el consumo en la población de riesgo (embarazo, madres lactantes y niños menores de tres años)
del pescado con alto contenido de mercurio.

> «Las *mujeres embarazadas* (o que puedan llegar a es-
> tarlo), mujeres en fase de *lactancia* y niños de corta
> edad (*menores de tres años*) deben *evitar* el consumo de
> especies de pescado con contenidos de mercurio más
> altos: *pez espada, tiburón, atún rojo y lucio.* En el caso de
> niños de edades comprendidas entre los 3 y 12 años,
> la recomendación es limitar su consumo a 50 g a la se-
> mana, o 100 g cada dos semanas, de estas especies de
> pescado». Agencia Española de Consumo, Seguridad
> Alimentaria y Nutrición.

- *Mariscos:* por su alto contenido en cadmio.
- *Leche de vaca y derivados lácteos.* Entonces, ¿no puedo
darle yogur a mi hijo de 10 meses? Sí, pero no como única
fuente de leche (un yogur sí, pero no todos los días y el
resto de la leche que sea materna o de continuación). La
leche de vaca (y derivados) es un alimento completo con
alto contenido en calcio y es interesante a partir del año.

Entre los 6 y los 12 meses no es el lácteo más recomendable. ¿Por qué?, porque contiene muchas proteínas y sales minerales que son difíciles de eliminar para un riñón aún inmaduro y disminuye la absorción de hierro que, en esta edad, es frecuente que presente unos niveles bajos.

- *Verdura con alto contenido en nitratos.* Son las verduras verdes de hoja ancha: espinacas, acelgas, borraja, lechuga, apio, remolacha... su consumo frecuente puede producir «el síndrome del niño azul», porque impide el transporte de oxígeno en la sangre. No dar todos los días. Especial cuidado en los purés, porque es frecuente cocinar en cantidad suficiente para varios días. Si contiene espinacas, por ejemplo, comerá espinacas varios días seguidos, aumentando el riesgo.

- *Alimentos procesados.* Cualquier alimento «hecho en casa» es más sano. Los alimentos procesados son ricos en sal, azúcar, edulcorantes, aditivos...

- *El arroz* en grandes cantidades, por su alto contenido en arsénico. El arsénico se ha relacionado con el cáncer. Aún no existe una legislación clara al respecto en Europa, pero sí en Estados Unidos. El mensaje sería evitar el consumo excesivo de arroz y que los bebés, si toman papillas, que sean multicereales y preferiblemente si son de grano completo.

«Baby-Led Weaning»: el destete dirigido por el bebé

El *Baby-Led Weaning* (BLW) es un método para ofrecer la alimentación complementaria al bebé, siendo él el que se alimenta con sus propias manos con alimentos sólidos desde el principio (desde los seis meses). De este modo el bebé aprende a comer solo, con texturas desde el inicio, sin necesidad de dar purés ni de ser alimentados directamente por sus padres.

Nociones básicas sobre BLW:

• Los bebés deberían ser alimentados con leche, idealmente lactancia materna exclusiva a demanda y se les deberían ofrecer alimentos complementarios a partir de los 6 meses de edad.

• No se recomienda el BLW antes de los 6 meses de edad, porque es necesario lograr estabilidad postural para sentarse y agarrar objetos.

• Adaptar la comida familiar a un tamaño y forma adecuados para que puedan cogerla por sí solos y dejar que experimenten y sean ellos los que decidan qué cantidad comer.

• El adulto debe estar siempre presente: comparte la comida con el bebé y vigila, pero no le pone nada en la boca ni le introduce alimentos, eso lo hace el bebé por sí mismo.

El BLW tiene muchas *ventajas*: mejorar las relaciones durante las comidas familiares, promover la autonomía del bebé, ahorrar tiempo y dinero y, quizás, fomentar ingestas dietéticas más saludables para los padres.

Hay algunas dudas sobre el BLW (no hay estudios científicos suficientes):

• Riesgo de ingesta deficiente de hierro. Se ha encontrado que la deficiencia de hierro produce déficit en el procesamiento cerebral. En general, con BLW, las familias ofrecen verduras cocidas al vapor, que no son una fuente de hierro absorbible.

- Riesgo de una alta ingesta de sal (si se cocina con mucha sal en la familia). La alta ingesta de sodio en la infancia está relacionada con el desarrollo de la hipertensión y enfermedades autoinmunes en la edad adulta.
- Riesgo de ingesta de energía insuficiente.
- Riesgo de atragantamiento.

EL «Baby Led Introduction to Solids»

Es una especie de BLW modificado, para evitar los problemas que puede ocasionar el destete dirigido por el bebé:

- A partir de los 6 meses de edad. Hay que comprobar que el bebé pueda sujetar la cabeza, sentarse, coger la comida y poder alimentarse.
- Ofrecer un alimento rico en hierro (carne roja, hígado, riñón, cereales fortificados) y/o rico en energía en cada comida en la que tome algo además de la leche.
- Ofrecer los alimentos para evitar atragantamiento: triturar la carne en forma de hamburguesas o albóndigas; evitar verdura o fruta cruda que sea dura; no dar frutos secos...

Para evitar los atragantamientos con los alimentos sólidos que ofrezcamos tenemos que ser capaces de aplastarlos con la lengua en el paladar: patata cocida, carne muy picada, aguacate maduro, plátano maduro, pescado, huevo cocido...

La importancia de comer en familia

La mesa es un lugar especial para disfrutar en familia. Es un momento de reunión para hablar, compartir no solo la comida, que también, sino lo que nos ha pasado, lo que nos preocupa y los que nos hace reír… Es un momento único para compartir: comer compartiendo la comida y las vivencias, mirarnos a los ojos y disfrutar…

Algunas claves…

- Es esencial como padres *dar ejemplo y respetar sus necesidades* (cantidad) y sus preferencias (tipo de alimento). ¿Cómo? Manteniendo una dieta saludable. Por ejemplo, si tu hijo te dice que no tiene más hambre no lo obligues a comer pero no le dejes que se coma un trozo de tarta; si realmente está saciado, esto incluye a cualquier alimento.

- Si queremos que nuestros hijos aprendan a comer sano y equilibrado, nosotros tenemos que comer sano y equilibrado; no les podemos exigir que coman legumbres y nosotros rechazarlas.

- Por otro lado, hay que respetar sus necesidades en cantidad de comida; los niños son humanos y el hambre depende de: la actividad física, de la cantidad ingerida en la comida anterior, del apetito propio de cada niño… Si tu hijo está sano no hay razón para preocuparse, aunque parezca que coma mucho menos de lo que necesita. Si come poco, crece bien y tiene comida a su alcance, ¿te has planteado que él simplemente es así, que necesita comer poco porque se llena muy pronto y no puede comer más? Forzar no sirve de mucho y afectará a vuestra relación padres-bebé, porque sufriréis mucho durante la comida. Tu hijo no lo hace para molestar, no tiene intención, lo hace porque no puede comer más. *¡Nunca obligues a comer a tu hijo!*

- Es necesario que coma de todos los grupos de alimentos: fruta, verdura, carne, pescado, legumbres, cereales…

Pero, ¿realmente es necesario que se coma el pimiento si come verdura? ¿Es necesario que coma garbanzos si come lentejas?

Hay que poner de todo en la mesa y ofrecer que lo pruebe, pero no lo fuerces; llegará el día en el que de tanto verlo, querrá probarlo. Los niños pasan épocas en las que preferiblemente quieren comer determinados alimentos (por ejemplo, solo manzana o kiwi). No lo fuerces, pero tú come de todo y ofrécele, llegará el día en el que lo probará. ¡Ellos tienen derecho a tener sus gustos!

Respecto a la «educación del gusto» en los bebés: cuanto más variada es la alimentación complementaria mejor aceptarán los sabores después. Los bebés, en general, prefieren lo dulce a lo salado y rechazan lo amargo, pero es posible que coman de todo si su alimentación es variada en sabores. Probar los alimentos de uno en uno les ayuda más que los purés, donde se mezclan varios sabores, y el resultado final es similar. Es importante destacar que un bebé puede necesitar recibir un nuevo sabor muchas veces (dependiendo de cada niño) antes de aceptarlo.

Dar de todo y varias veces es la clave para que se acostumbren a sabores diferentes.

- Vincular las emociones y la comida no es una buena idea. La razón para comer de todo y hacer ejercicio es la salud. Comer para que mamá esté contenta, enfadarnos, estar alegres o tristes por la comida es la causa de muchos problemas.
- Evitar las distracciones: disfruta de la compañía que es maravillosa y olvida el teléfono, la televisión, hablar solo de lo que preocupe a los mayores...

Mi experiencia como madre. Destete progresivo con sólidos y purés

Aún recuerdo como si fuera ayer el primer alimento que mi hija probó. Estábamos en la cocina haciendo una ensalada. Llevaba mucho tiempo dándole vueltas a si empezar con puré o lanzarme a por el BLW y no lo tenía claro. Cada cosa tenía sus ventajas e inconvenientes. Lo que sí sabía con seguridad es que comería alimentos sueltos y con textura desde el principio, porque en la consulta veo a niños mayores que no comen sólidos porque tienen aversión a las texturas y/o a los sabores, por habérseles retrasado mucho la introducción de los alimentos sólidos, así que eso no, eso seguro que no.

Bueno, que me voy por las ramas. ¡Ah sí, la ensalada...! Pues eso, que preparando la ensalada y metida en mis pensamientos... La pequeña se salía del carro y se le iban los ojos detrás de los pequeños trozos de aguacate de la ensalada. Me metí uno en la boca y era fácil de aplastarlo con el paladar porque estaba maduro. Y pensé... «bueno, parece que le apetece y no hay razón alguna para no empezar con el aguacate». La sentamos en la trona y le partimos unos trocitos... ¡Se relamía! Muchos acabaron en el suelo y otros tantos aplastados en sus pequeñas manitas... ¡Disfrutamos de lo lindo!

¿Y qué hice yo, BLW o purés? Ambas. Bueno más que BLW es que de todo lo que comíamos le poníamos un poquito para probar. Empezamos a cocinar sin sal y no le ofrecíamos alimentos con riesgo de atragantamiento. Comía con las manos, en torno al año empezó a usar la cuchara y alrededor de los 18 meses comía sola con sus cubiertos. Pero también ha comido purés; los días que era imposible comer sólidos, cuando lo que había era difícil de adaptar o cuando había puré de calabaza, que sigue siendo una de sus comidas favoritas, y ahí no hay plato sólido que le gane.

Bibliografía

Academia Americana de Pediatría, 2015. https://www.healthychildren. org. [En línea]
Disponible en: https://www.healthychildren.org/spanish/ages-stages/ baby/feeding-nutrition/paginas/sterilizing-and-warming-bottles.aspx [Último acceso: junio 2017].

Academia Americana de Pediatría, 2016. https://www.healthychildren. org. [En línea]
Disponible en: https://www.healthychildren.org/spanish/health-issues/ conditions/prevention/paginas/hand-washing-a-powerful-antidote-to-illness.aspx [Último acceso: Junio 2017].

Agencia española de consumo, seguridad alimentaria y nutrición, s.f.
Recomendaciones de consumo de pescado (Pez Espada, Tiburón, Atún Rojo y Lucio) debido a la presencia de mercurio. [En línea]
Disponible en: www.aecosan.msssi.gob.es/AECOSAN/web/para_el_ consumidor/ampliacion/mercurio_pescado.htm [Último acceso: 6 enero 2018].

Agencia española de consumo, seguridad alimentaria y nutrición, s.f.
Recomendaciones de consumo por la presencia de nitratos en hortalizas. [En línea]
Disponible en: www.aecosan.msssi.gob.es/AECOSAN/web/para_el_ consumidor/ampliacion/nitratos_hortalizas.htm [Último acceso: 6 enero 2018].

Alvisi, P., Brusa, S., Alboresi, S., Amarri, S., Bottau, P., Cavagni, G., ... Agostoni, C. (2015). Recommendations on complementary feeding for healthy, full-term infants. Italian Journal of Pediatrics, 41, 36. http://doi. org/10.1186/s13052-015-0143-5

Apilam, 2017. http://www.e-lactancia.org/. [En línea]
Disponible en: http://www.e-lactancia.org/producto/1761 [Último acceso: junio 2017].

Centers for Disease Control and Prevention (CDC), 2017. https://www. cdc.gov. [En línea]
Disponible en: https://www.cdc.gov/healthywater/hygiene/ healthychildcare/infantfeeding/cleansanitize.html [Último acceso: junio 2017].

E. Alcover Bloch, S. G.-T., 1996. La esterilización de biberones, tetinas y agua: ¿Por qué hacemos trabajar a las madres más de la cuenta?. *An Esp Pediatr,* Volumen 44, pp. 524-525.

Grupo de trabajo de la Guía de Práctica Clínica sobre lactancia materna. 2017. *Guía de Práctica Clínica sobre lactancia materna.* Vitoria (Álava): Servicio Central de Publicaciones del Gobierno Vasco.

Grupo de trabajo de la Guía de Práctica Clínica sobre lactancia materna. Guía para las madres que amamantan. Ministerio de Sanidad, Servicios Sociales e Igualdad. Servicio de Evaluación de Tecnologías Sanitarias del País Vasco OSTEBA; 2017. Guías de Práctica Clínica en el SNS.

OMS, 2003. *Estrategia Mundial para la Alimentación del Lactante y del niño pequeño,* Ginebra: OMS.

OMS, 2007. http://www.who.int. [En línea]
Disponible en: http://www.who.int/foodsafety/publications/micro/ PIF_Bottle_sp.pdf
[Último acceso: junio 2017].

Rodríguez Torres, A. y García Esteban, L. 2017. Prólogo. En: *Vas a ser mamá. Cómo prepararse para la lactancia.* Madrid: Pirámide, pp. 11-12.

Sección de Seguridad Alimentaria y Nutrición, 2015. *Informe del Comité Científico de la Agencia Española de Consumo, Seguridad Alimentaria y Nutrición (AECOSAN) sobre los riesgos microbiológicos asociados al consumo de determinados alimentos por niños de 0 a 3 años,* s.l.: s.n.

CAPÍTULO V

La necesidad de sueño del bebé

Tu hijo sabe dormir desde que nace, solo que por su inmadurez tiene unos ritmos diferentes y mayor cantidad de sueño ligero, compitiendo directamente con las necesidades del adulto. Todos los bebés lograrán conciliar el sueño de forma autónoma y dormirán toda la noche sin necesidad de aplicar ningún «método». Una adecuada higiene del sueño y un sueño seguro es lo más importante y lo que puede ayudar a que lo consigan con mayor rapidez.

CONTENIDO DEL CAPÍTULO

Esta noche he dormido
como un bebé.
Dicho popular

El sueño, un reto para muchas familias

Cuando utilizamos la expresión «he dormido como un bebé», realmente, ¿qué queremos decir? Si deseamos explicar que nos costó conciliar el sueño, que fue necesario que alguien nos acompañase para dormirnos y que tuvimos despertares cada tres horas o menos, hemos dado en el clavo. Pero generalmente se usa para lo contrario: expresar que hemos dormido muchas horas y que nuestro sueño ha sido tranquilo y reparador. Es cierto que *un bebé duerme más horas que un adulto, pero lo hace de un modo muy distinto.* En el sueño infantil hay mitos de crianza y este es uno de los más extendidos.

¿Qué ocurre en los primeros meses de vida del bebé? ¿Qué nos pasa a los padres cuando no podemos descansar? ¿Hay algo que podamos hacer para cambiar esa situación? ¿Cuándo dormirán toda la noche?

¿Cómo duerme un adulto?

Uno de los deseos de los padres cuando tienen un bebé es conseguir dormir 8 horas seguidas sin despertarse y que el bebé pueda conciliar el sueño de forma autónoma, porque ese es el patrón de sueño que se ajusta a las necesidades de la mayoría de los adultos; pero alcanzarlo requiere que el bebé haya madurado, y cada niño madura a una velocidad diferente.

No existen parámetros que determinen cuándo será el momento en el cual un niño determinado logrará dormir la noche completa, pero estamos seguros de que, tarde o temprano, todos lo conseguirán.

Todos los niños nacen sabiendo dormir y no hay que usar métodos o enseñarles, pero es importante entender que *la necesidad de sueño del bebé es diferente a la del adulto y por tanto pueden entrar en conflicto ambas, generando un problema que impida a los adultos tener un sueño reparador*, pero que sin embargo no constituya ningún problema para el bebé.

Un adulto de promedio necesita entre *7 y 8 horas de descanso nocturno sin interrupciones para mantener una salud física y psicológica adecuada* (Ver apartado «¿Cómo compite la necesidad de sueño del bebé con la de los padres?» de este capítulo). El tiempo de sueño se divide en ciclos de 90 minutos, con un total de 4-6 ciclos en una noche. En cada ciclo se suceden las fases del sueño, y en los cambios de ciclo pueden existir «microdespertares», pero no somos conscientes de ellos en la mayoría de las ocasiones.

Existen dos tipos de sueño bien diferenciados: el sueño con movimientos oculares rápidos, conocido como sueño REM (*Rapid Eye Movement*) y el sueño sin movimientos oculares rápidos o NREM (*Non Rapid Eye Movement*), que se subdivide a su vez en tres fases (N1, N2 y N3).

El sueño REM y el sueño NREM, al ser fisiológicamente diferentes, sus funciones también son distintas:

- *El sueño NREM* tiene una función restauradora. Regula muchos procesos energéticos, favorece la formación de proteínas, libera la hormona de crecimiento, disminuye la hormona del estrés (cortisol) y ayuda al recambio celular.

  - Fase N1: es la fase de «adormecimiento», es frecuente que haya sacudidas de las extremidades y es fácil que nos despertemos.

  - Fase N2: es una fase de sueño ligero y constituye aproximadamente el 50% del sueño total.

  - Fase N3: es una fase de sueño profundo que si disminuye durante la noche estaremos cansados, y donde se producen la mayoría de las funciones anteriormente citadas. Es una fase en la que se sueña, pero no se recuerda. En esta fase aparecen los terrores nocturnos y el sonambulismo.

- *El sueño REM* tiene un papel relevante en los procesos de atención y memoria y en la consolidación del aprendizaje. Es la fase en la que se tienen los sueños más elaborados, aunque no siempre es posible recordarlos. En esta fase pueden aparecer las pesadillas.

En el adulto el sueño se inicia por sueño NREM, con sus tres fases, seguido del sueño REM.

Si el descanso nocturno es suficiente, *no es necesario dormir siestas durante el día* y sigue lo que se denomina un *ciclo circadiano*, con una periodicidad de 24 horas, diferenciando el día de la noche y necesitando dormir preferiblemente durante la noche.

El adulto necesita 7 horas de sueño nocturno sin interrupciones con un ritmo circadiano (cada 24 horas). Es imprescindible que la cantidad de sueño REM y NREM sea la adecuada.

¿Cómo duerme un bebé y cómo se produce la maduración del sueño?

El *recién nacido, hasta los tres meses de vida, tiene un sueño distinto al del adulto*:

* Tipos de sueño:
  * *Sueño activo o ligero*, equivalente al sueño REM del niño mayor o adulto. Inician el sueño en esta fase y constituye el 60% del sueño total. La cantidad de sueño ligero aumenta con la lactancia materna exclusiva y es un factor que protege del Síndrome de Muerte Súbita del Lactante (Ver apartado «Las normas de seguridad independientemente del lugar donde duerma el bebé» de este capítulo).
  * *Sueño tranquilo o profundo*, equivalente al sueño NREM del niño mayor o adulto.
  * *Sueño indeterminado*, que no cumple con las características de sueño activo ni de sueño tranquilo.
* Ritmo ultradiano: aunque un recién nacido necesite dormir unas 16 horas al día, la distribución de esas horas es muy diferente a la del adulto, porque lo hacen en periodos de 2-3 horas en vez de en un ciclo continuado cada 24 horas y no saben diferenciar el día de la noche. Estos periodos son como «pequeños días», que varían en duración debido a: 1) el tipo de alimentación, en la lactancia

materna exclusiva los ciclos son inferiores a tres horas; 2) la necesidad de contacto de cada bebé (Ver capítulo «La necesidad de contacto del bebé»), y 3) el temperamento del bebé (Ver capítulo «La necesidad de dejarlos crecer: los mitos del desarrollo»). En ese tiempo de 2-3 horas hay que alimentarlos, cambiarles el pañal, pueden tener un pequeño periodo de alerta o «estar despiertos» y se repite nuevamente el ciclo.

- Los ciclos de sueño duran entre 50 y 60 minutos.

Los bebés, hasta los tres meses, precisan dormir 14-16 horas al día con interrupciones, porque su ritmo es ultradiano (8-12 «pequeños días» cada 24 horas). Los tipos de sueño aún no están estructurados.

Los bebés, en torno a los *4-6 meses de vida, comienzan a tener la capacidad de adquirir un ritmo circadiano*, aparece a esta edad el sueño REM y NREM y la duración de los ciclos del sueño son más prolongados, de 60 a 70 minutos, lo que les permite alargar las tomas de la noche. Es entonces cuando surge uno de los mitos más extendidos, porque coincide en el tiempo con la introducción de los cereales. Los bebés a esta edad tienen un sueño más parecido al del adulto, pues han adquirido la capacidad de tener ciclos de sueño más prolongados y a diferenciar el día de la noche. ¿Cómo te sientes tú después de una cena pesada? ¿Duermes mejor? Hay bebés a los que los cereales por la noche les ocasionan dificultades para conciliar el sueño.

Los bebés a los 4-6 meses alargan las tomas por la noche porque adquieren la capacidad de un ritmo circadiano (diferencian el día de la noche) y los ciclos de sueño son más largos. Por tanto, el hacer menos tomas por la noche no está relacionado con el inicio de los cereales.

Hasta los siete meses el sueño es muy cambiante e inestable, con despertares frecuentes que pueden ser muy variables de un día a otro; cualquier factor puede influir en el sueño y precisan dormir tres siestas durante el día.

De los 8 meses a los 2 años, aunque el sueño es más parecido al que tiene el adulto, el niño comienza a tener ansiedad de separación, ya sabe quiénes son sus figuras de apego (Ver apartado «¿Cómo se forma el vínculo de apego?», en el capítulo «La necesidad de amor incondicional») y reclama su presencia ante situaciones que le resulten amenazantes, y esto influye directamente en la conciliación del sueño. El niño comienza a adquirir hitos del desarrollo (Ver apartado «Desarrollo de 6 a 12 meses. La etapa del suelo», en el capítulo «La necesidad de dejarlos crecer: los mitos del desarrollo») como el gateo, la capacidad de ponerse de pie o los primeros pasos; al dormir tienden a ensayar lo que han aprendido, teniendo la apariencia de un sueño más inquieto y favoreciendo los despertares frecuentes. Suelen necesitar *dos siestas durante el día.*

A partir de los 3 años el sueño empieza a ser muy parecido al del adulto, con una duración de los ciclos de 90 minutos; pueden precisar una siesta durante el día.

El sueño está considerado un hito del desarrollo al igual que los primeros pasos o la dentición. Hay que tener en cuenta que cada bebé es diferente y tiene su propio ritmo. Todos llegarán a tener un sueño maduro, pero se desconoce el momento concreto en el que lo conseguirá cada niño.

Los despertares nocturnos son muy frecuentes en los niños menores de 3 años, por diferentes motivos según la edad. La mayoría de los niños conseguirán dormirse solos y no tendrán despertares nocturnos sin necesidad de usar ningún método o «enseñarles».

¿Cómo compite la necesidad de sueño del bebé con la de los padres?

Si tu hijo duerme «como un adulto» desde el primer mes de vida, enhorabuena, porque has tenido mucha suerte. Los despertares nocturnos son normales: aparecen en un 20-40% de los niños menores de 3 años, en un 15% de los pequeños a los de 3 años y en un 2% de los niños a los 5 años.

Entonces, si es normal que los niños se despierten por su inmadurez, ¿dónde está el problema? En que las necesidades de sueño del bebé y las de un adulto son diferentes y en muchos casos incompatibles (Ver Tabla 1), compitiendo entre ellas. Es más acusado hasta los 3 o 4 meses de vida, pero puede prolongarse hasta los tres años.

Tabla 1. Diferencias de sueño de un adulto y un niño menor de 3 meses

	Adulto	Bebés <3 meses
Nº horas sueño/24h	7-8 horas	16 horas
Nº de ciclos de sueño	4- 5 ciclos seguidos	2 ciclos seguidos
Duración de los ciclos	90 minutos	50-60 minutos
Tipos de sueño	NREM-REM	Sueño activo-tranquilo
Inicio sueño	NREM (tranquilo)	Sueño activo
Ritmo	Circadiano	Utradiano

Tabla 2. Fases en un ciclo de sueño en un niño mayor de 3 años

Inicio sueño			Fin sueño
NREM (tranquilo)			REM (activo)
N1	N2	N3	
	75%		25%
	Aprox. 90 minutos		

Tabla 3. Fases en un ciclo de sueño en un niño menor de 4-6 meses.

Inicio sueño	Fin sueño
Sueño activo	Sueño tranquilo
50%	50%
Aprox. 50-60 minutos	

La falta de sueño en niños y adultos produce repercusiones en la salud física y mental que pueden llegar a afectar la calidad de vida de forma muy significativa, es decir, estamos hablando de algo muy importante que genera un problema difícil de solventar y tenemos que conocer lo que produce un déficit crónico de sueño, tanto en el adulto como en el niño.

Si existen síntomas de cansancio crónico en los padres o en el niño es necesario pedir ayuda especializada.

Manifestaciones de la deprivación de sueño según la edad:

- *Repercusiones en el niño*: déficit de atención, alteración en el comportamiento y problemas de aprendizaje. Aumenta el riesgo de accidentes, lesiones, hipertensión, obesidad, diabetes y depresión. En adolescentes se asocia con un mayor riesgo de autolesiones, pensamientos suicidas e intentos de suicidio.

- *Repercusiones en el adulto*:
  - A corto plazo: la mayor afectación es la salud mental. Mayor irritabilidad, inatención, ansiedad y síntomas depresivos. Si esto lo unimos al estado de alerta que genera el ser padres, ambas se potencian.
  - A largo plazo: se ha asociado a una afectación general del estado de salud y a una mayor probabilidad de aparición de enfermedades metabólicas como la obesidad y la diabetes, a enfermedades cardiovasculares como la hipertensión y de enfermedades mentales como la depresión y un mayor riesgo de mortalidad por accidentes.

¿Cómo mejorar la calidad del sueño en los adultos cuando hay niños pequeños en casa?

Este es el gran reto, porque está claro que unos padres que no descansan bien de forma prolongada pueden empezar a sufrir repercusiones sobre su estado anímico, sintiendo culpabilidad, incapacidad para cuidar a su bebé o sentir que han dejado de quererlo. Si los padres llegan a pensar que hay un problema con el sueño, lo primero que hay que hacer es averiguar si es un problema de sueño del bebé, que es lo más infrecuente, o, por el contrario, es debido a que la necesidad del bebé y la de los padres compiten (Ver apartado «¿Cómo compite la necesidad de sueño del bebé con la de los padres?», de este capítulo). De la necesidad de mejorar el sueño de los padres han nacido una serie de «métodos para enseñar a dormir al bebé», cuyo principal problema es que parten de la premisa de que los bebés que se despiertan por la noche es que no saben dormir; y lo que pasa es que los bebés duermen de un modo diferente al adulto, y en estos métodos no explican realmente qué es normal y qué no lo es y no ayudan a los padres a que tengan un sueño que pueda ser más reparador para ellos sino que simplemente explican «una forma rígida de hacer».

Hay diferentes tipos de métodos:

- *Métodos de extinción gradual*: se basan en que los bebés tienen dificultades para conciliar el sueño, insomnio de conciliación y que si los padres les ayudan de algún modo (cogerlos, darles la mano, dar el pecho, entre otras), cuando despierten por la noche, no serán capaces de conciliar el sueño de forma autónoma y llorarán para pedir que se les ayude a conciliar el sueño de nuevo, lo que a su vez favorecerá los despertares. Para conseguirlo hay que *dejarlos llorar* para que concilien el sueño de forma autónoma, en periodos cada vez mayores, explicándoles lo que estamos haciendo.

Las controversias de los métodos de extinción gradual son:

- Qué repercusiones a nivel psicoevolutivo del bebé puede tener dejarlo llorar sin atenderlo: la evidencia científica es escasa. Los estudios disponibles sugieren que no es perjudicial para el niño a largo plazo.
- Cómo lo viven los padres mientras lo están aplicando: no hay estudios científicos por el momento y, en general, sufren.

- Qué conseguimos realmente: no hay estudios que, una vez aplicado el método de extinción, evalúen la calidad del sueño de esos bebés de forma objetiva; se sabe que dejan de reclamar a sus padres, pero no se sabe si realmente «aprenden» a dormir toda la noche y no se despiertan o, por el contrario, permanecen igualmente despiertos pero «aprenden» a no llamar a sus padres porque no los van a atender.

Como pediatra puedo entender que la situación anteriormente descrita puede llevar a los padres a realizar un método de extinción, pero es imprescindible explicarles y aclararles todas las dudas que tengan sobre el sueño de los bebés, descartar que no haya ningún otro problema y asesorar sobre la higiene del sueño y el sueño seguro. Aunque pueda entender que haya padres que lo aplican, no lo recomiendo.

- *Métodos «sin lágrimas»*: se basan fundamentalmente en que el bebé consiga conciliar el sueño de forma autónoma, pero sin dejarlo llorar y cubriendo sus necesidades; la filosofía es «dejarlos en la cuna somnolientos pero sin que se hayan dormido». Es difícil en niños con lactancia materna exclusiva.

Si quieres saber cuál ha sido mi experiencia como madre (Ver apartado «Mi experiencia como madre» de este capítulo).

¿Se puede hacer algo para mejorar el descanso de los padres sin necesidad de aplicar métodos?

- No te sientas culpable si tu hijo no duerme bien, es porque aún no ha adquirido la capacidad de hacerlo, pero no te preocupes, que, hagas lo que hagas, lo va a conseguir. Hay recomendaciones acerca de no intervenir en la conciliación del sueño y dejarlos despiertos en la cuna para que concilien el sueño solos, pero realmente es muy complicado en los bebés menores de seis meses.

- Pregunta todas las dudas. Entender qué está pasando y por qué te sientes así es imprescindible.

- Es necesario una adecuada higiene del sueño (Ver apartado «Higiene del sueño en la primaria infancia» de este capítulo) y un sueño seguro (Ver apartado «Sueño seguro y colecho» de este capítulo) independientemente del lugar donde hayáis decidido que duerma el bebé.

- Hasta los cuatro meses debe dormir en la habitación de los padres, pero una vez pasado ese periodo prueba qué cosas te facilitan que duermas mejor: el colecho, dormir en la habitación de los padres o dormir en su propia habitación y qué facilita que tu bebé concilie el sueño antes. En los casos de lactancia materna exclusiva, el darle el pecho para conciliar el sueño y el seguir en la misma habitación puede ser de gran ayuda, porque los despertares son frecuentes, aunque no siempre es así. Hay bebés y niños que pueden tener un sueño muy inquieto, que emiten ruidos constantes, se mueven e incluso se golpean con la cuna y, aunque ellos no se despiertan, interrumpen el sueño de los padres; en estos casos sacarlos de la habitación puede hacer que solo nos despertemos cuando realmente nos necesitan.

Antes de atender a un bebé durante la noche hay que comprobar que esté despierto, aunque hagan ruidos o incluso se quejen, porque pueden estar dormidos y muchas veces son los padres quienes acaban despertando al bebé.

- Pide ayuda: la inclusión de varias personas que puedan dormir al bebé permite que se puedan turnar y tener noches de sueño más reparador. Cada persona que duerma al bebé tendrá su forma de ayudar a que concilie el sueño (cogerlo, mecerlo, pasearlo...) y no hay de qué preocuparse. En los casos de niños con lactancia materna exclusiva que se hayan dormido al pecho y ahora se necesite un cambio, la persona que intente dormirlo encontrará la forma de hacerlo.

- El bebé no se acostumbra. No le vas a crear malos hábitos, simplemente le estás ayudando a que madure mientras lo necesite; poco a poco conseguirás quitarle los apoyos, se quedará dormido solo y lo hará toda la noche. Mientras te necesite disfruta de ello, porque el tiempo pasa muy rápido.

> Si tu necesidad de sueño compite con la necesidad de sueño del bebé y comienza a tener repercusiones importantes, establece un sueño seguro, una higiene del sueño adecuada e inicia las recomendaciones para mejorar el descanso de los padres. Si no es suficiente haz un calendario de sueño (Ver apartado «¿Cuándo consultar con el pediatra?» de este capítulo) y busca ayuda especializada antes de aplicar un método.

Higiene del sueño en la primaria infancia

Como hemos visto anteriormente, es normal que los niños menores de tres años, por unas razones u otras, se despierten por la noche. En el primer año de vida los despertares pueden ser múltiples y hasta los tres o cuatro meses lo harán con la periodicidad con la que hagan las tomas, porque aún no saben diferenciar la noche y el día. Algo que puede ayudar a controlar los despertares y, lo que es más importante, que el sueño para el niño sea reparador y este no esté cansado durante el día, es establecer una adecuada higiene del sueño lo antes posible, preferiblemente desde el nacimiento, aunque el bebé se despierte cada 3 horas para comer.

La higiene del sueño consiste en:

- Un *horario fijo* para acostar al bebé, el más idóneo es entre las 19:30 y las 21:00 horas. *Este es uno de los factores que más influye en el aumento de los despertares o en la aparición del insomnio de conciliación, que «se les pase la hora» y se sobreexciten.*

- Mantener una *rutina de sueño* antes de acostarlos. Cada familia elegirá la suya, pero ayuda a que el bebé relacione determinadas cosas con el sueño y se vaya preparando para dormir. El baño, un masaje suave o cantarles, entre otras, puede ser de gran utilidad. Si nos cuesta trabajo que concilie el sueño, no debemos intentar múltiples técnicas (brazos, carrito, paseo, pecho...), porque el bebé no podrá entender qué le estamos pidiendo, es mejor utilizar siempre la misma; aunque cada *persona que duerma al bebé puede tener la suya*, la rutina de mamá no tiene por qué ser la misma que la de papá.

- La alimentación durante el día: existe una falsa creencia de la relación de una mayor ingesta en la última toma del día (cereales) con un mejor descanso («así aguanta más»); si se acuestan muy llenos estarán incómodos. No es tanto la última toma como la ingesta total a lo largo del día. Por otro lado, los niños con lactancia materna exclusiva se despiertan menos y las madres duermen un promedio de media hora más que los pequeños alimentados con biberón.

- Es necesario que duerman las siestas durante el día; es falso que si llegan cansados dormirán mejor:
  - Hasta los 8-9 meses suelen realizar tres siestas durante el día.
  - Hasta los 18-22 meses suelen realizar dos siestas.
  - A partir de los 3 años suelen suprimir las siestas.
- Dormir el número de horas necesarias según la edad, de forma regular, es imprescindible para una adecuada salud física y mental:
  - Hasta los 4 meses: no existe consenso debido a la gran variabilidad que existe en cada bebé y no existir suficientes estudios.
  - De los 4-12 meses duermen una media de 12 a 16 horas al día (incluidas las siestas).
  - De 1 a 2 años duermen un promedio de 11 a 14 horas al día (incluidas las siestas).
  - Los niños de 3 a 5 años duermen de 10 a 13 horas al día (incluidas las siestas).
  - Los niños de 6 a 12 años duermen de 9 a 12 horas al día.
  - Los adolescentes de 13 a 18 años duermen de 8 a 10 horas al día.
- Las actividades que se realizan durante el día y, muy especialmente, las cercanas a la hora de dormir influyen en el sueño. Hay que intentar en la medida de lo posible hacer actividades relajadas antes de irse a la cama, para impedir que el cerebro vuelva a activarse, evitando especialmente el uso de pantallas (Ver apartado «Las pantallas y los menores de 3 años», en el capítulo «La necesidad de dejarlos crecer: los mitos del desarrollo»). En los bebés muy cu-

riosos, a los que les cuesta trabajo relajarse y conciliar el sueño, es de gran utilidad el uso de mochilas ergonómicas o porteo (Ver apartado «Portabebés y el porteo, una sensación placentera difícil de explicar», en el capítulo «La necesidad de contacto del bebé»).

El objetivo con la higiene del sueño no es que desaparezcan de forma inmediata los despertares, sino que en muchos casos disminuyan.

> La *higiene del sueño* es un factor determinante para conseguir un adecuado estado de salud del bebe y ayudar a que tenga un sueño lo más parecido al adulto lo antes posible.

Factores que influyen en el sueño del bebé
Factores que no podemos modificar

Es recomendable conocerlos para saber que esos niños probablemente consigan dormir como un adulto de forma más tardía, a los 3 años o más:

- El *temperamento del bebé* es un factor determinante en el sueño. Los bebés muy curiosos e inquietos, con gran desarrollo psicomotor, suelen dormir peor, al igual que los que necesitan más contacto o son más inseguros.
- La *lactancia materna*. Se sabe que los niños alimentados con pecho tienen un sueño con un número menor de despertares que los alimentados con biberón.
- *Cambios en la vida del bebé*. Cualquier situación que provoque inseguridad, como un cambio de domicilio o la incorporación al trabajo del principal cuidador, puede hacer que se despierte el bebé más a menudo.

- *Dolor, fiebre o cualquier enfermedad.* Cuando los niños están enfermos es muy difícil una adecuada higiene del sueño porque, al igual que los adultos, suelen dormir en el momento del día en el que se encuentran mejor.

- *Por hitos del desarrollo adquiridos recientemente.* Tienden a «practicar» lo que han aprendido durante el día. Cuando comienzan a voltearse, gatear o andar es frecuente que el sueño sea más inquieto e incluso lleguen a golpearse.

- *El estado físico y mental de los padres.* Unos padres sanos en todos los aspectos, que trasmitan seguridad y puedan atender a las necesidades del bebé es un factor fundamental en el desarrollo adecuado del mismo.

Factores que podemos modificar

- *Habitación confortable* con:

  - *Oscuridad, o luz tenue* si el bebé lo necesita. Es imprescindible para un adecuado descanso nocturno.

  - *Evitar ruidos en el descanso nocturno.* Es importante que el descanso nocturno se realice en el lugar donde duerma habitualmente y en silencio; no se debe utilizar la televisión o la música para que les ayude a conciliar el sueño. Durante el día en bebés menores de 6-8 meses, las siestas las pueden realizar en lugares iluminados o con el ruido de una actividad habitual; eso les ayuda a diferenciar el día de la noche y permite cierta adaptabilidad a la vida de los padres.

  - Una *temperatura adecuada*, entre 19 y 21 grados Celsius, evitando abrigar en exceso al bebé. La sudoración es uno de los riesgos con mayor asociación al síndrome de la muerte súbita del lactante.

- Ropa cómoda y un pañal adecuado.
- *Superficie adecuada* para dormir (Ver apartado «Sueño seguro y colecho» de este capítuo).
- Adecuada *higiene del sueño* (Ver apartado «Higiene del sueño en la primaria infancia» de este capítulo).

Sueño seguro y colecho

Hay unas normas de seguridad en el sueño infantil que todo padre debe conocer porque *previenen el Síndrome de Muerte Súbita del Lactante (SMSL)*.

El *SMSL* se define como la *muerte* inesperada de un niño menor de un año, que ocurre durante el sueño y que tras realizar la autopsia, investigar las circunstancias de la muerte y revisar la historia médica, *se desconoce la causa*. Es más frecuente en los menores de tres meses y a partir de los cuatro meses disminuye su frecuencia.

Aunque las causas del SMSL son desconocidas, hay dos factores protectores que disminuyen el riesgo: dormir boca arriba y las recomendaciones de un sueño seguro.

Lugar donde puede dormir un bebé

El bebé puede dormir en su cuna, que puede estar situada dentro o fuera de la habitación de los padres, en una cuna anexada a la cama de los padres o en la cama de los padres (lo que se denomina *colecho*). Es una decisión que solo tienen que tomar los padres del bebé. En ocasiones a uno le gustaría una cosa y la realidad del bebé impone otra muy diferente.

Las normas de seguridad independientemente del lugar donde duerma el bebé

- *Los bebés tienen que dormir con la espalda pegada al colchón, es decir, boca arriba; esto ha disminuido un 40% los casos de SMSL. Una vez que tengan movilidad y se volteen solos, ellos eligen su postura* (Ver apartado «Los beneficios del contacto entre el bebé y los padres» del capítulo «La necesidad de contacto del bebé»).

- En los menores de cuatro meses, por el mayor riesgo de SMSL deben dormir en la habitación de los padres.

- La superficie tiene que ser firme y estar limpia: no usar colchones de agua o muy mullidos. No dormir con el bebé en el sofá porque puede quedar atrapado.

- No quedarse dormidos con el bebé en brazos cuando estemos sentados en el sofá, en sillones o sillas, porque los bebés pueden caerse. Si quieres dormir al bebé y estás agotado, el mejor sitio es la cama.

- Las superficies deben estar acotadas: si es en cuna, con barrotes; si es en cama, con barrera protectora o pegando la cama a la pared para evitar caídas.

- No fumar en casa. Es otra de las reglas de oro.

- No usar ropa de cama pesada, y que no les cubra la cabeza.

- No usar almohadas.

- No debe existir espacio entre el colchón y la barrera o la pared, para evitar que pueda quedar atrapado.

- La habitación debe estar con una temperatura agradable y evitar que esté el bebé excesivamente abrigado. El sobrecalentamiento es un factor de riesgo del SMSL.

Si duermen en su cuna

- La cuna homologada tiene que cumplir los siguientes requisitos:

  - Huecos y distancias seguras entre barrotes, entre 45-65 mm.

  - Dos ruedas con freno, cantos redondeados, sin posibilidad de enganches, barandillas con seguros de cierre.

  - La distancia entre el colchón y la barandilla no puede ser superior a 2,5 cm.

  - Pinturas no toxicas, estables y resistentes.

  - *Normativa UNE-EN 716-1:2008+A1:2013.*

- No usar los protectores acolchados. La Academia Americana de Pediatría no los recomienda. No deben usarse en los menores de cuatro meses.

- Solo usar sábana bajera, si es necesario abrigarlos usar los «sacos de bebé» (Ver Figura 1. Saco de dormir para el bebé). Con la ropa de cama se pueden destapar y/o pueden quedar atrapados.

Figura 1. *Saco de dormir para el bebé.*
Son prendas de ropa para abrigar al bebé durante el sueño. Permiten movilidad de brazos y piernas, por ello están desprovistos de mangas. Deben ser transpirables (fabricados con algodón 100%).

- No usar peluches o muñecos en los bebés menores de 4 meses y en edades superiores, si se usan, los peluches no deben tener objetos que se puedan desprender con facilidad, como por ejemplo, unos ojos de plástico.

(Ver Figura 2. Cuna segura y cuna insegura)

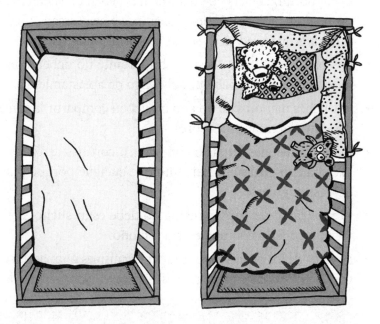

Figura 2. *Cuna segura y cuna insegura*. En la imagen de la izquierda una cuna segura, que solo tiene una sábana bajera y un colchón firme. En la imagen de la derecha una cuna insegura, con múltiples componentes que aumentan el riesgo de asfixia: protector o chichonera, edredón, sábana encimera, colcha, almohada o peluches.

Seguridad si practicamos el colecho

- En las primeras semanas de vida, con el objetivo de evitar el aplastamiento, es mejor que el bebé duerma entre mamá y la pared o entre mamá y la barra protectora, pero no entre mamá y papá. Está demostrado que la madre es consciente de su bebé desde el momento en el que este nace e, instinti-vamente, adopta una postura que protege al bebé. El padre tarda algo más.

- Es especialmente recomendable en bebés alimentados con lactancia materna, ayuda a su instauración y mantenimiento.

- Evitar dormir con el bebé si los padres tienen un sueño muy profundo o problemas para despertarse o han tomado medi-camentos que produzcan somnolencia, alcohol o drogas.

- Los padres con una obesidad importante no deben com-partir cama con el bebé por el riesgo de aplastamiento.

- Los bebés menores de un año no deben compartir la cama con otros hermanos mayores.

- Evitar camisones largos o con lazos o cortinas cercanas a la cama con cualquier elemento que cuelgue porque pue-den estrangularse.

- El pelo largo de papá o mamá no debe estar suelto, con-viene recogerlo con una coleta o moño.

- La cama de los padres debe cumplir las mismas normas de se-guridad que una «cuna segura» si el bebé va a dormir en ella.

Si se practica un colecho seguro, no está demostrado que aumente el SMSL. EL colecho favorece la lactancia mater-na y es un factor protector del SMSL.

Cuando decidí que me apetecía dormir con mi niña y busqué bibliografía sobre el tema, no fue una tarea fácil y encontrar lo anteriormente expuesto me llevó mucho tiempo.

Yo solo quería saber si era seguro hacer colecho con el bebé, por la hipotética relación entre el SMSL y el colecho. La respuesta es que no hay evidencia científica, es decir, los estudios publicados hasta la fecha, por la metodología aplicada, no responden a esta cuestión. Por encima de esa edad, siempre que se sigan las normas de seguridad, el riesgo disminuye considerablemente.

Las asociaciones científicas lo que recomiendan, si se desea practicar el colecho, es que el bebé tenga un lugar propio para dormir y aconsejan las denominadas «cunas de colecho», que pueden quedar anexadas a la cama (Ver Figura 3. Cuna sidecar o de colecho).

Figura 3. *Cuna sidecar o de colecho.* La cuna sidecar tiene la posibilidad de quitar uno de los lados de la cuna para anexarla a la cama de los padres y tiene la posibilidad de engancharse a la cama de los padres por diferentes sistemas de fijación. La cama de los padres y la cuna sidecar tienen que cumplir las normas de seguridad. Los padres pueden usar almohadas siempre que no las use el bebé.

Pero el que no esté demostrado científicamente que sea seguro, no significa que se deba prohibir, es más, en los bebés con lactancia materna exclusiva se ha demostrado que el colecho favorece el establecimiento y mantenimiento de la lactancia materna.

¿Por qué hay tanta polémica con el colecho?

- Hay casos publicados en la literatura científica de bebés que han fallecido por SMSL al dormir con sus padres. El problema es que cuando uno revisa esos casos, están asociados a otros factores de riesgo, de ahí la importancia de conocer las medidas para que los niños duerman con seguridad, ya sea con los padres o en su propia cuna.

- Cuando uno analiza los estudios publicados de múltiples casos, no tienen suficiente validez científica, porque, evidentemente, son estudios retrospectivos, es decir, se parte del efecto (cuando se trata de un fatídico desenlace, se parte de los casos de los niños fallecidos y se hace una encuesta a los padres). Los estudios retrospectivos tienen menor validez, porque es muy difícil recoger la información necesaria para analizarla e imaginad en este caso lo que supone entrevistar a unos padres cuyo hijo ha fallecido.

- La ausencia de una única definición de colecho en la literatura científica. Al leer los artículos, colecho es muchas cosas: dormir con los padres en el mismo espacio (sofá, cama, sillón...), dormir en la misma habitación, dormir en una cuna anexada a la cama o dormir en la cama con los padres. Dormir solos o acompañados, incluso con animales. Como podéis imaginar, de estudios tan diversos no se pueden sacar conclusiones claras.

¿Por qué no se hacen estudios válidos con una única definición?
Con relación al tipo de estudio ideal para sacar conclusiones, se debería seleccionar a un grupo de padres en el embarazo que quieran hacer colecho, explicarles qué es el colecho seguro y seguirlos hasta que lo finalicen y ver qué sucede. Se necesitaría una muestra grande y se debería realizar en múltiples países y compararlo con un grupo control de padres que no deseen hacer colecho. Además de incluir como efecto el SMSL, habría que incluir todos los efectos positivos y comparar ambos grupos. Es decir, la respuesta a la pregunta es que es un estudio costoso, difícil y cuyo resultado no le da dinero a nadie.

¿Qué dice el sentido común?
Los bebés pueden dormir en su cuna, en una cuna anexada a una cama o en la cama de los padres, es una decisión que solo depende de los padres. Independientemente de donde duerma un bebé, los padres tienen que saber cuáles son las medidas de seguridad para evitar riesgos.

Y una reflexión final, aunque no tenga mucho que ver, pero explica un poco por qué no entiendo ni comparto la polémica del colecho. Algo que está demostrado, los niños de cualquier edad pueden morir en accidentes de tráfico, pero a ningún pediatra, enfermero, educador, etc., se le ocurre decir a los padres que no lleven a sus hijos en coche, que está prohibido porque pueden morir, sino que se les explica las medidas de seguridad y lo dejan a elección de los padres. Entonces, no entiendo esa fijación de demonizar a los padres que hacen colecho, siendo mucho menos probable que ocurra nada y sin estar demostrado científicamente que pueda ocurrir.

¿Cuándo consultar con el pediatra?

Lo primero que tenemos que hacer es establecer una adecuada *higiene del sueño* (Ver apartado «Higiene del sueño en la primaria infancia» de este capítulo) *y un sueño seguro* (Ver apartado «Sueño seguro y colecho» de este capítulo). Si, una vez establecida la higiene del sueño, el bebé continúa con despertares frecuentes, para comprobar si algo va mal, es necesario realizar un calendario de sueño durante 15 días (Ver Figura 4. *Agenda del sueño* y Figura 5. *Agenda completada*. Por ejemplo: el día 31 de enero se acuesta al bebé a las 20:40 horas [flecha hacia abajo], pero hasta las 21:15 no se duerme. A las 2:35 se despierta por un ruido del vecino y se vuelve a dormir a las 2:45 sin necesidad de sacarlo de la cuna. A las 6:55 se despierta y se saca de la cuna [flecha hacia arriba]).

Los despertares frecuentes y el insomnio de conciliación en los menores de tres años se han asociado al déficit de hierro y a las alteraciones de las hormonas tiroideas, entre otros. Si los despertares son muy frecuentes y no coinciden con el patrón normal de sueño para esa edad, se debe valorar una exploración física del bebé y la realización de una analítica de sangre.

Mi experiencia como madre

«Querida Julia:

Recuerdo el año pasado por estas fechas, mamá había empezado a descontar los días para que pudiésemos conocerte, tocarte y poder besarte. El embarazo comenzaba a hacerse pesado y las noches más complicadas. Le decía siempre a papá que si te movías tanto fuera como lo hacías dentro, no íbamos a parar y que ibas a ser de juerga nocturna. Evidentemente, papá no me creía y hacía bien.

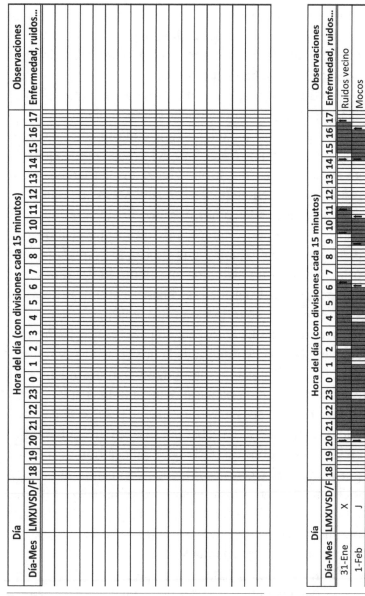

Figura 4.
Agenda del sueño

Figura 5.
Agenda completada

Al poco tiempo naciste, eras preciosa, con esos ojos abiertos desde muy pequeña tan vivos y curiosos. Me encantaba mirarte directamente a ellos porque tu mirada lo decía todo y estaban llenos de vida.

Eso que mamá notaba en la barriga fue cierto fuera de ella. Eras muy activa y la noche era tu momento.

Siempre había alguna voz que con dulzura y llena de buena intención nos decía que era la cuarentena, que luego empezarías a dormir bien; luego nos hacían creer que todo sería diferente con los cereales. Más tarde, que a los seis meses todos los niños dormían de un tirón, luego al año y ya que casi estamos, nos dicen que cuando empieces el colegio. Mamá sigue pensando lo mismo que al principio, eres un cielo, me encanta todo de ti, hasta he aprendido a disfrutar de esas noches con pocas horas de sueño; pienso que todo pasa muy rápido, y que esas horas nocturnas las he aprovechado para besarte, acariciarte, acunarte bajo la penumbra de la noche siendo cómplices. Es duro, muy duro, he derramado lágrimas mientras te cantaba nanas, pero para eso están aquí tus papis.

Una de las etapas más duras fue en esa época, en torno a los cuatro meses, sin saber la causa, es una cifra mágica en la que se supone que todo bebé debe dormir de un tirón por los dichosos cereales. Muchos decidieron dar su opinión, me volvieron loca: «Estás acostumbrando muy mal a Julia», «Si sigues así, nunca dormirá sola», «Eso lo hace porque demanda tu atención», «Eres demasiado blanda» y yo qué sé cuántas barbaridades más.

Mamá estaba cansada porque papá trabajaba muchas horas, dormía muy poco y las horas pasaban despacio entre ojeras. Mamá, cada minuto que tenía libre lo dedicaba a intentar informarse de si lo que te pasaba era normal o no, y si estaba haciendo lo correcto, o por el contrario, mi actitud podía provocar esos despertares nocturnos frecuentes. Estaba confundida con tanta opinión. He leído múltiples estudios científicos y guías clínicas, a Estivil, a la guía para tener a bebés tranquilos y felices, a Rosa Jové, a Carlos González, he visitado foros de madres y mil y una página de internet dedicadas al sueño infantil. He aprendido mucho y al menos supe lo que no quería hacer.

Al principio intenté eso de «dejarte somnolienta en la cuna, pero sin estar dormida», a ver qué narices es eso, porque yo aún no lo entiendo bien. Se supone que el objetivo era que aprendieras a dormirte sola y así disminuir los despertares. Dando el pecho era poco menos que imposible, porque, al terminar la toma estabas frita, pero si no lo estabas, intentaba ponerte en la cuna y llorabas; te intentaba consolar y volver a ponerte y llorabas; solo lo pude aplicar una noche, pensé que eras muy pequeña. Estivil, ni olerlo, no te iba a dejar llorar sin hacer nada porque no me salía de las entrañas y no me daba la gana. Al leer a Rosa Jové y a Carlos González creía que no podía hacer nada, pero entendí muchas cosas.

Mi niña, eres única e irrepetible, no eres un robot, no existe el método ni para dormir, ni para comer ni para quitarte el pañal. Aprendí que al menos una rutina de sueño estable con una hora concreta para ir a la cama, no más tarde de las nueve de la noche y todos los mimos del mundo, conseguían que poco a poco tu sueño llegara antes y durara más. Comprendí que era tan duro que se hacía necesario que papá te durmiese, y eso fue clave, porque comencé a relajarme al ver que papá también conseguía dormirte y así empezamos a repartir el trabajo. Sin hacer nada, ahora te duermes solita, pero si pides a tus papis ahí están para abrazarte. Los despertares han mejorado mucho, pero si despiertas en la oscuridad de la noche somos tus cómplices.

Si con esta carta conseguimos tranquilizar a un solo papá o mamá y dejan de sufrir, seré la mamá pediatra más feliz de la tierra.

Por cada hora menos de sueño, te quiero un poquito más.

Siempre tuya,
Mamá

P.D: A todos esos papis que han pasado por no dormir, por ser juzgados, por leer y ahogarse en internet. Pasa, mejora y se hacen mayores. Mucho ánimo.

Publicado en: www.mimamayanoespediatra.es
25 de noviembre de 2014.

Nota:
Julia ya tiene tres años y medio, se duerme sola y no tiene despertares nocturnos. La situación mejoró mucho al año y medio, pero desde los dos años y medio el sueño es bastante estable. Hemos pasado fases algo peores con la retirada del pañal por la noche y con épocas donde ha tenido pesadillas, pero han durado escasos días, porque hablamos las cosas con ella y le explicamos qué pasa y cómo puede ayudarnos. En nuestro caso funciona a la perfección.

Bibliografía

Grupo de trabajo de la Guía de Práctica Clínica sobre lactancia materna., 2017. *Guía de Práctica Clínica sobre lactancia materna.* Vitoria(Alava): Servicio Central de Publicaciones del Gobierno Vasco.

Grupo de trabajo de la Guía de Práctica Clínica sobre Trastornos del Sueño en la Infancia y Adolescencia en Atención Primaria., 2011. *G uía de Práctica Clínica sobre Trastornos del Sueño en la Infancia y Adolescencia en Atención Primaria..* Madrid (Madrid): Ministerio de Ciencia e Innovación.

Grupo de trabajo de la Guía de Práctica Clínica sobre Trastornos del Sueño en la Infancia y Adolescencia en Atención Primaria, 2012. *Aprendiendo a conocer y manejar los problemas de sueño en la infancia y adolescencia. Información para padres, educadores y adolescentes.* Madrid(-Madrid): Agencia Laín Entralgo. Unidad de Evaluación de Tecnologías Sanitarias.

Honaker SM, M. L., 2014. Bedtime Problems and Night Wakings in Young Children: An Update of the. *Respir. Rev,* pp. 4-5.

Paruthi S, B. L. D. C. H. W. K. S. L. R. M. B. M. K. N. C. Q. S. R. C. T. M. W. M., 2016. Recommended amount of sleep for pediatric populations: a consensus statement of the American Academy of Sleep Medicine.. *J Clin Sleep Med,* 12(6), p. 785–786.

Sirvent, J. S., 2013. Campañas de prevención. Factores. En: *Libro Blanco de la Muerte Súbita Infantil.* Tercera edición ed. Madrid: Ergón, pp. 61-69.

Watson NF, B. M. B. G. B. D. B. O. B. D. D. D. G. J. G. M. K. C. M. R. M. J. P. S. Q. S. T. E., 2015. Joint consensus statement of the American Academy of Sleep Medicine and Sleep Research Society on the recommended amount of sleep for a healthy adult: methodology and discussion. *J Clin Sleep Med,* 11(8), pp. 931-952.

CAPÍTULO VI

La necesidad de dejarlos crecer: los mitos del desarrollo

Es mágico dejarse sorprender por la forma en la que tu hijo va madurando a nivel físico y emocional. Es realmente un arte escuchar sus necesidades y aportar lo que requieren en cada momento. Acompañarlos en su desarrollo no es tarea fácil, porque cada niño tiene un temperamento y una personalidad diferente. Si sabes cómo estar presente en sus vidas, «poco» tendrás que hacer: responder a sus demandas y dejar que sean «niños de suelo». El suelo es el lugar natural para ellos y les permitirá ir explorando su mundo poco a poco y sin prisas; es el lugar que está adaptado a lo que necesitan en cada momento. En este viaje trepidante son malos compañeros la sobreestimulación, el uso de pantallas y la sobreprotección, ¡aléjate tanto como puedas!

CONTENIDO DEL CAPÍTULO

El instinto más grande de los niños es
precisamente liberarse del adulto.
María Montessori

¿Qué es la necesidad de dejarlos crecer?

Una de las principales preocupaciones como padres, junto a las enfermedades (Ver capítulo «Primeros auxilios y urgencias pediátricas»), es que nuestros hijos se desarrollen sin problemas tanto a nivel físico, como a nivel psicológico y emocional.

Los padres, sin darnos cuenta, o sí, interferimos continuamente en el desarrollo de nuestros hijos a través de la forma en la que nos relacionamos con ellos, de nuestra exigencia hacia ellos, de nuestros miedos y preocupaciones, y de nuestras creencias y aprendizajes propios... Es curioso que algo que preocupa tanto a los padres no haya generado material divulgativo de fácil accesibilidad que destierre los grandes mitos del desarrollo. Aunque parezca increíble, son creencias profundamente arraigadas en la sociedad, que generan por un lado preocupación y ansiedad a los padres y por otras interferencias negativas en el desarrollo de nuestros hijos.

Realmente yo no fui consciente de los grandes mitos hasta que no tuve a mi primera hija y empecé a buscar información veraz sobre las diferentes etapas del desarrollo por las que iba transitando y cómo acompañarla.

Conocer cómo es la maduración emocional, física y psicológica, junto con la parentalidad positiva (Ver capítulo «La necesidad de amor incondicional», apartado «Una forma de educar que te revolucionará la vida: la parentalidad positiva), ha sido la piedra angular para «Criar sin complejos».

Dicho aprendizaje me ha aportado cuatro herramientas que para mí son esenciales:

1. Acompañar sin interferir negativamente en su desarrollo.
2. Ser paciente y no adelantarme, dejando que cada etapa la viva con intensidad.
3. Entender mejor lo que ocurre en cada momento, lo que me ha permitido ayudar de una forma más eficaz y menos autoritaria.
4. Evitar la sobreprotección y la sobreestimulación, los dos grandes enemigos del desarrollo del niño.

> Como padres tenemos que ser conscientes de la necesidad de acompañamiento y guía que tienen nuestros hijos, pero también de su necesidad de que los dejemos crecer. Son nuestros hijos, pero no nos pertenecen.

¿Qué es el desarrollo normal del niño?

El cerebro humano y el proceso de aprendizaje es aún desconocido en muchos aspectos y está lleno de interrogantes, debido a su enorme complejidad y variabilidad. Cada niño aprende a un ritmo diferente, presenta unas necesidades particulares y, como cualquier faceta que analicemos en el ser humano, viene marcado por su forma de ser. Por ejemplo, los niños muy activos aprenden mejor con el movimiento y con juegos que les permitan mantenerse activos. Por el contrario, los niños más tranquilos pueden preferir el aprendizaje mediante la manipulación. Así que hablar de desarrollo normal del niño es, cuanto menos, altamente impreciso.

En este capítulo no hablaremos de desarrollo normal porque, ¿qué es normal en un niño? Es más preciso referirnos al «desarrollo típico» que designa lo que suele ser más habitual.

Los objetivos del capítulo que vas a empezar a leer son: *1)* obtener un conocimiento general del «desarrollo típico» del niño; *2)* desterrar los grandes mitos; *3)* descubrir algunas claves que nos puedan ayudar a acompañar a nuestros hijos en su desarrollo; y *4)* conocer cuáles son las cosas que pueden interferir negativamente en su desarrollo.

Desarrollo de 0 a 6 meses. La etapa del contacto y las muestras de afecto

Los recién nacidos llegan a un mundo desconocido y nuevo para ellos. A un lugar que está lleno de situaciones que les hacen sentirse inseguros, desprotegidos y les provocan miedo. Han pasado de un medio acuoso, donde no hay casi ruido y los movimientos están controlados en un espacio reducido, a un mundo lleno de estímulos.

La mejor forma de educarles a esta edad y proporcionar una estructura es cubriendo sus necesidades básicas de amor incondicional, contacto, sueño, alimentación... con muestras continuas de afecto y cariño. El contacto se convierte en una poderosa herramienta como primera experiencia afectiva (Ver capítulo «La necesidad de contacto del bebé»).

En los seis primeros meses de vida lo único que entiende y necesita un bebé es que sus necesidades sean satisfechas lo antes posible y que sus padres lo cojan e intenten averiguar qué le ocurre, aunque no lo consigan a la primera, o incluso no logren calmar su llanto. Si estamos ahí pueden confiar en nosotros y se sienten seguros y eso les permitirá, cuando estén capacitados para ello, explorar el mundo y aprender (Ver capítulo «La necesidad de amor incondicional», apartado «El vínculo de apego: lo que el bebé nos da»).

¿Cómo se comunican y qué significa?

Su forma esencial de comunicación es el *llanto* y expresa emociones y necesidades no satisfechas: hambre, sueño, miedo, aburrimiento...

En los primeros seis meses de vida los bebés no pueden entender sus propios sentimientos ni los de las personas que los rodean, incluso muchas veces ni siquiera saben la causa de su llanto, simplemente están reclamando porque necesitan la presencia de mamá o papá.

En los primeros seis meses de vida *el llanto es solo una expresión de sus emociones*, con el objetivo de que sus cuidadores entiendan que necesita algo. No tiene intencionalidad ni llora porque quiera conseguir nada más allá. Por tanto, a esta edad no tienen la capacidad de ser caprichosos ni intentan tomarnos el pelo.

Por ejemplo, un bebé de dos meses llora como si la cuna tuviese pinchos y se calma quedándose dormido en el regazo de su madre. Ese bebé necesita en ese momento (o siempre) contacto, porque se ha sentido inseguro o necesita mimos.

Una interpretación errónea a esta edad sería «Mi hijo sabe mucho, solo quiere brazos, así que lo dejamos solo en la cuna para que no se acostumbre a que lo cojamos todo el rato».

Según van creciendo, al llanto se unen otras formas de comunicación; al mes comienza la sonrisa social y a los tres meses emiten sonidos.

El lenguaje no verbal está presente desde el nacimiento, aunque poco a poco va siendo mucho más expresivo: frotarse los ojos o bostezar cuando tienen sueño, succionar cuando tienen hambre...

¿Cómo comunicarnos con ellos?

Mediante las caricias, los besos, los abrazos y todo el *contacto* que podamos ofrecerles. Cuanto más tiempo estemos con nuestro bebé y más cercano sea el contacto, antes conoceremos el repertorio de señales ante diferentes necesidades.

Es importante hablarles, sonreírles y que nuestra expresión corporal sea acorde a nuestros sentimientos y al mensaje que queramos transmitirle.

El objetivo de hablarles es que escuchen sonidos y que sientan las palabras como una forma de comunicación, pero aún no entienden lo que les decimos, *no comprenden las explicaciones ni las normas.*

El desarrollo físico

Los recién nacidos nacen con una postura en forma de «C», porque su espalda solo tiene una curvatura, y a medida que van creciendo esa postura va «abriéndose», lo que le empieza a permitir explorar el mundo.

A partir del primer mes de vida aparece la primera curvatura de la espalda, la del cuello (la denominada lordosis cer-

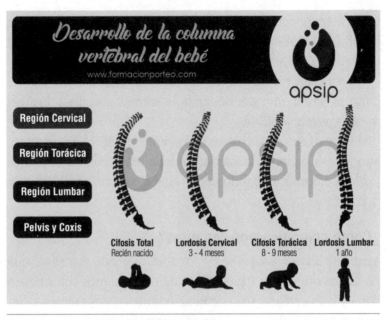

Figura 1. Desarrollo de la columna vertebral del bebé

vical), que permite la capacidad de sostener la cabeza (sostén cefálico). El *sostén cefálico* va madurando: inicialmente sostienen la cabeza pocos segundos, luego son capaces de sostenerla cuando están tumbados boca abajo y a los cinco o seis meses el sostén cefálico está tan consolidado que pueden seguir objetos con la mirada de derecha a izquierda (en un ángulo de 180 grados).

En torno a los cinco o seis meses comienzan a *sentarse*, inicialmente precisan de apoyo, pero poco a poco se irán sintiendo más seguros.

A los tres meses el bebé empieza a coger cosas con la mano, lo que le permite aprender a usarlas, y se llevan todo a la boca; es el inicio de la *coordinación mano-boca-mano*, uno de los hitos del desarrollo, y que está rodeado de mitos. Dicha coordinación está relacionada con la maduración de varios movimientos complejos coordinados que implican diferentes partes del cuerpo (psicomotricidad fina). Sin embargo, es habitual creer que se llevan las manos a la boca porque comienza la salida de los dientes y no es cierto. La coordinación mano-boca-mano permitirá, por ejemplo, que en un futuro no muy lejano ese bebé pueda comer solito y llevarse la comida a la boca. Por otro lado, *la boca a esta edad es su sentido del tacto* (es una de sus formas de conocer y reconocer el entorno). También, el llevarse objetos a la boca les permite *fortalecer los músculos que están relacionados con el lenguaje y la masticación.*

Los bebés a partir de los tres meses no se meten las manos en la boca y se las chupan todo el tiempo porque les estén saliendo los dientes, sino porque están «ensayando» la coordinación mano-boca-mano. Por otro lado, la boca es una forma de reconocer el entorno en esta edad.

¿Cómo podemos acompañarlos en esta etapa?

Aquí tienes algunas recomendaciones para favorecer el desarrollo de tu bebé en esta etapa:

- *Contacto, contacto y contacto.* Besos, abrazos, masajes y todas las muestras de cariño que se te ocurran. Cuanto más tiempo y más cercano sea el contacto (piel con piel), mejor. (Ver capítulo «La necesidad de contacto del bebé»).

- *Cubrir sus necesidades en cuanto las percibas*, no es necesario que llegue a llorar (el llanto significa que se siente mal por algo). Eso favorecerá que tu hijo comience a confiar en ti y por tanto pueda sentirse seguro para explorar el mundo cuando se sienta preparado.

- No lo dejes llorar, lo único que conseguirás es que desconfíe de ti. No tienen intencionalidad en sus acciones, lo único que quieren es que estés con ellos simplemente porque te necesitan.
- En los momentos de juego:
  - Cambios de postura: en brazos, tumbados, en tu regazo sentados. Juega con ellos boca arriba y ponlo algún corto periodo de tiempo boca abajo, pero sin forzar si se queja, la etapa de boca abajo es un poco más adelante.
  - No usar el chupete durante el juego si están tranquilos. Es habitual que se les ofrezca el chupete para evitar que se lleven las cosas a la boca, sin embargo, es necesario dejarle juguetes blanditos con diferentes texturas; permite que se meta las cosas en la boca y que se chupe las manos porque es su forma de practicar la coordinación mano-boca-mano. Esta es la razón por la cual a partir de los tres meses no es necesario esterilizar chupetes ni biberones ya que se llevan cualquier objeto a la boca.
  - Es una edad con alto riesgo de asfixia, porque se meten todo en la boca. Los juguetes no pueden contener partes que se puedan desprender y tienen que ser de un tamaño mayor que el de su boca.

Desarrollo de 6 a 12 meses. La etapa del suelo

Es una etapa que viene marcada por dos acontecimientos significativos:
- Gran evolución a nivel psicomotor que les permite mayor autonomía (aprenden a voltearse, se sientan sin apoyos, comienzan el desplazamiento y empiezan a comer solos).

- El inicio del apego propiamente dicho; necesitando la presencia de las personas con las que se siente seguro y rechazando a los extraños (Ver capítulo «La necesidad de amor incondicional» apartado «¿Cómo se forma el vínculo de apego?»).

En esta etapa el juego adquiere un gran protagonismo. Disminuye el número de horas que necesitan dormir y aumenta la curiosidad, con una necesidad innata de descubrir todo lo que les rodea, que es nuevo para ellos. El juego consiste principalmente en llevarse todo a la boca, porque es su forma de reconocer los objetos y ensayar una y otra vez los nuevos movimientos que van aprendiendo.

El lugar donde debe pasar un bebé de esta edad la mayor parte del tiempo es el *suelo*. Es el mejor estímulo que le podemos ofrecer en esta edad porque les permite libertad de movimiento; para aprender a voltearse, a gatear y a sentarse sin apoyos tienen que practicarlo una y otra vez. Si además ese tiempo de juego-aprendizaje lo pasa con personas importantes en su vida y le ofrecemos un espacio y objetos que estén libres de riesgos, ellos nos irán regalando poco a poco sus grandes progresos.

¿Cómo se comunican y qué necesitan?

El llanto ya no es su forma principal de comunicación y se calman con mayor facilidad. En esta etapa, aunque todavía *no entienden las emociones ni los sentimientos* que acompañan al llanto, el tener cerca a las personas que son importantes para ellos les da seguridad y les ayuda a calmarse cuando se encuentran superados emocionalmente por cualquier motivo.

Son capaces de *mostrar sentimientos básicos* (alegría o tristeza) claramente: sonríen o se ríen a carcajadas cuando se sienten bien; lloran desconsoladamente cuando algo les incomoda o le entristece.

A los ocho o nueve meses inician la *ansiedad de separación* de sus figuras de apego. Es decir, identifican perfectamente quiénes son sus cuidadores habituales, a los que quieren, y cuando se alejan se sienten desprotegidos, porque no se sienten seguros con personas desconocidas y lloran en su ausencia, mostrando su malestar. Pueden sentir gran angustia emocional porque entienden que lo que más querían se ha marchado, pero no pueden comprender que volverán.(Ver capítulo «La necesidad de amor incondicional» apartado «¿Cómo se forma el vínculo de apego?»).

En esta etapa pasan de los sonidos a las sílabas simples, como ma/pa/ta. Siendo una *etapa crucial en el desarrollo del lenguaje*.

¿Cómo comunicarnos con ellos?

A partir de los seis meses de edad la mejor forma de relacionarnos con ellos es mediante *el juego*. El juego a partir de los seis meses se convertirá en un instrumento esencial para su aprendizaje y en una forma excelente para introducir objetos o personas nuevas en su vida. Por ejemplo, en un bebé alimentado con lactancia materna que rechace las tetinas de los biberones hay que dejar que juegue con biberones y cucharas, lo que permitirá que podamos alimentarlo con alguno de los elementos con los que juega habitualmente.

El contacto seguirá siendo una herramienta fundamental, pero poco a poco buscarán su independencia y, a medida que aumente su capacidad de movilidad, querrán explorar más y querrán menos brazos.

Ante los balbuceos y las sílabas que emiten es necesario que les respondamos, repitamos lo que nos dicen y los miremos a los ojos. Que ante las sonrisas les sonriamos y que cuando lloren los consolemos.

La principal labor como padres en esta etapa es fortalecer la confianza que nuestro hijo tiene en nosotros. Necesita saber que siempre estaremos cerca pase lo que pase (Ver capítulo «La necesidad de amor incondicional»).

El desarrollo físico

Un bebé que está en el suelo no suele «saltarse etapas» y casi no precisa ayuda, nuestra presencia e intercambio serán suficientes. Si le permites estar en el suelo *boca arriba* con algún juguete blandito, pronto empezará a hacer movimientos hacia un lado y hacia otro sin llegar a *voltearse*, hasta que un día lo conseguirá y quedará colocado *boca abajo*.

Un bebé que ha conseguido colocarse boca abajo por sí solo no protestará, porque volver boca arriba es más sencillo y logrará cambiar de postura sin ayuda. El estar boca abajo le permite *usar las manos para agarrar objetos* con mayor facilidad y sentirá la necesidad de *tener que desplazarse* para alcanzar las cosas que estén más alejadas, eso le llevará a reptar, moverse sentado arrastrándose y gatear.

Si un niño comienza el gateo ha conseguido un hito muy importante: ¡Desplazarse sin ayuda! ¿Sabes lo que supone eso? «¡Mirad, que ya puedo llegar yo sin ayuda adonde quiero!» ¡Madre mía cuántas cosas por descubrir y por hacer! En realidad, *lo importante no es gatear, sino cualquier movimiento que permita que el bebé se desplace.*

Una vez que logran el desplazamiento no hay prisa para ellos. *Caminar no es una necesidad, lo importante es el movimiento sin ayuda* y eso ya lo han logrado. Por ello, esperarán a sentirse realmente preparados para comenzar a ponerse de pie y a dar los primeros pasos... Gateará, se sentará y llegará el día en que agarrado a algún mueble o solitos descubrirán que es posible pasar de estar sentado a levantarse.

Un bebé que antes de ponerse de pie gateó *no pedirá ayuda para comenzar a andar,* porque tiene múltiples recursos para «dar marcha atrás» si no se siente seguro: puede volver a gatear, sentarse y, si se cae, sabe perfectamente cómo colocar las manos para no darse en la cabeza. Por tanto, *son niños más seguros e independientes.* De hecho, es habitual que «los niños de suelo» si intentas ayudarles o les ofreces la mano se enfaden y gruñan, «sí hombre, vamos listos; yo he conseguido llegar hasta aquí ¿y tú vas a ayudarme ahora? Ni pensarlo, déjame que sé que lo puedo conseguir».

Al inicio de los primeros pasos no hay que agarrarlos para que comiencen a caminar o evitar que se caigan, de hecho, en las primeras etapas, en las que están más inseguros es recomendable no protegerlos demasiado, para que si se caen aprendan a colocar las manos y vayan probando qué cosas hacer de pie y qué cosas son mejor seguir haciendo «a cuatro patas». Este es otro mito muy arraigado; *es mejor no agarrarlo de las manos para conseguir los primeros pasos.*

Por ejemplo, un bebé que ha comenzado a caminar, pero antes gateó, cuando llegue a unas escaleras o desnivel probablemente vuelva a una posición más segura pero llegará a donde quiere sin ayuda, simplemente pasará de la bipedestación a otras formas de desplazamiento según el grado de dificultad.

Nuestra función será facilitar que pase el mayor tiempo posible durante el juego en el suelo, creando un ambiente seguro y confortable.

¿Cómo podemos acompañarlo en esta etapa?

Aquí tienes algunas recomendaciones para favorecer el desarrollo de tu bebé en esta etapa:

• La presencia de las personas que sean importantes para él es esencial. Es un momento de gran ansiedad para ellos. En la medida de lo posible es necesario que durante esta época sus cuidadores habituales sean estables (los mismos) y, si es posible, los conozca de antes.

• Responder a sus necesidades, a sus sonrisas y a sus balbuceos...

• Se inicia el aprendizaje de la lengua materna. Háblale, escucha y responde a sus sílabas; repítelas. Así afianzará su aprendizaje, y las repeticiones le ayudan a interiorizar lo que aprende y fomentas desde esta etapa la *comunicación*.

• Deja que viva esta etapa trepidante de gran desarrollo físico. El mejor lugar y donde recibe estímulos acordes a su aprendizaje es en el suelo, cerca de ti, con juguetes seguros. El suelo tiene que estar protegido del frío y en una superficie firme pero no dura. Por ejemplo, una manta de juegos sobre unas piezas protectoras de suelo de Goma EVA es adecuado para esta edad.

• Los juguetes acordes a esta edad son peluches sin partes que puedan desprenderse, de un tamaño medio, que los puedan agarrar y no les quepan enteros en la boca y con diferentes texturas. No son recomendables aquellos que emitan sonidos estridentes o tengan luces. A partir de los 9 o 10 meses pueden empezar a mostrar interés por los juguetes básicos de construcción (apilables) y los cuentos con dibujos grandes.

Desarrollo de 1 a 2 años. El niño «independiente» que dice a todo que «no»

Si hablas con padres que tengan hijos de esta edad, es común que con cierta nostalgia te digan: *ya no tengo un bebé*: habla y anda.

Los cambios de tu hijo en esta etapa son asombrosos y habrá mucha diferencia en pocas semanas, porque aprenden muy rápido. Por un lado, las palabras empiezan a tener poco a poco más protagonismo. Se produce la «explosión del lenguaje»; al año casi no dirá una palabra y a los dos podrás tener conversaciones con él. Es extraño cómo empiezas a ser consciente de que tu hijo te entiende, porque te contesta. Por otro lado, acaba de empezar a dar los primeros pasos, aún es inestable pero, aun así, no para. El no parar le permite ensayar una y otra vez los movimientos y en escasas semanas, como te descuides, corre. Es una etapa agotadora para los padres porque tu hijo va donde quiere, pero aún no sabe las cosas que son peligrosas, así que te va a tocar ir tras él todo el día. Es importante *fomentar su autonomía y dejar que exploren*.

Una palabra que estará muy presente en casa será el «No», siendo en muchas ocasiones el culpable de que tu hijo tenga las *inevitables rabietas*.

¿Cómo se comunican y qué necesitan?

A medida que vayan aprendiendo nuevas palabras y su vocabulario sea más extenso, el lenguaje irá adquiriendo más protagonismo y se convertirá en algo esencial para comunicarte con él. Aunque sepa ya muchas palabras aún no sabe explicar qué siente y cómo se siente. Tampoco son capaces de entender los sentimientos de los demás.

El llanto estará aún muy presente porque esta etapa estará llena de frustraciones y será una forma de expresión de su enfadado y de que él no opina lo mismo que tú.

El contacto sigue siendo esencial y podrá salvaros de muchas situaciones difíciles. Pase lo que pase demuestra con palabras y gestos de cariño que tu amor es incondicional (Ver apartado «La disciplina positiva: un reto lleno de satisfacciones. Mi experiencia como madre», en el capítulo «La necesidad de amor incondicional»).

La etapa del no

«En esta etapa, los niños(as) empiezan a decir "¡No!". Cuando un niño(a) dice, "¡No!", no significa que está siendo desobediente o desafiante, sino que está tratando de decirle cómo se siente»[*].

La palabra «No» para un niño mayor o un adulto significa rechazo a una acción o cosa concreta. En el caso de un niño de uno o dos años la palabra «No» es una forma de intentar explicar lo que quiere o siente en ese momento, y puede llevarnos mucho tiempo lograr entender lo que realmente trata de decirnos. Es importante saber que aún no buscan la provocación, porque sus acciones no tienen intención de provocar daño.

---

[*] Asociación Chilena pro Naciones Unidas (ACHNU). *Manual sobre disciplina positiva.*

Por ejemplo, vas a vestirlo para ir a una comida familiar, le sacas su camiseta favorita y te dice que no se la va a poner. ¿Qué ha podido intentar decirte?: «No me gusta esa camiseta», «Yo quiero un jersey», «Me gustaría empezar a elegir mi ropa», «Ahora quiero jugar y preferiría vestirme más tarde».

Como ves, las interpretaciones del «No» son infinitas y acertar con el significado en cada momento es una tarea poco menos que imposible; puede ser agotador y ser una fuente de conflicto, pero hay que hacerse a la idea de que estará presente hasta que sea capaz de explicar con palabras lo que realmente quiere decir. Lo que es importante que recuerdes es que su objetivo no es enfrentarse a ti sino tratar de decirte a su manera lo que realmente desea en ese momento.

Las rabietas

Tu hijo ahora es más independiente, pero aún no conoce el peligro. Y eso conlleva tener que enseñarle los límites. Por ello, es un periodo en el que inevitablemente va a escuchar la palabra «No» y eso le enfada, porque él quiere hacer lo que está haciendo y no termina de entender cuáles son tus razones para prohibírselo. Sufre muchas frustraciones a lo largo del día. Al fin y al cabo, ellos quieren ser independientes, pero no podemos permitirles siempre que hagan lo que quieran. (Ver apartado «¿Cómo gestionar las rabietas desde la disciplina positiva?» en el capítulo «La necesidad de amor incondicional»).

¿Cómo comunicarnos con ellos?

Las palabras serán cada vez más importantes en vuestra relación a medida que el pequeño poco a poco vaya aprendiendo vocabulario.

Las muestras de cariño son esenciales para darles seguridad y deberán manifestarse tanto con palabras como con besos, abrazos, caricias... incluso en los momentos difíciles pueden ser una herramienta de gran ayuda.

Las rabietas son una oportunidad de enseñar con el ejemplo. A esta edad los niños se dan cuenta de todo y el cómo hagas tú las cosas o reacciones ante determinadas situaciones será un espejo en el que mirarse. En cada rabieta de tu hijo piensa cómo lo vas a hacer para no responder con otra rabieta tuya. A través de las rabietas puedes enseñarle cómo solucionar los conflictos; autocontrol y respeto pueden ser una buena forma de empezar.

La palabra «No» se va a convertir en una especie de mantra que se escuchará a todas horas en casa. Tu hijo quiere comunicarse y la utilizará casi como un comodín y a ti te toca poner límites, pero pregúntate siempre antes de decirla si es estrictamente necesaria. Resérvala para enseñarle límites importantes o cuando peligre su seguridad.

El desarrollo físico

El bebé se convierte en esta época en una especie de «científico loco», pero no es un «niño malo». El poder ir de un lugar a otro sin necesidad de ayuda es algo increíble, porque le permite ser «libre» y poder desplazarse hasta el lugar exacto, donde quiere ir sin pedírselo a nadie; es decir, le da *independencia*. Además, es una etapa donde la *curiosidad* les invade; necesitan saberlo todo y saberlo ya. Quieren *explorar* absolutamente todo de cada cosa que ven: la textura, la forma, el ruido, el sabor, el olor... pero *sin tener consciencia del peligro*. Meterá la mano en la comida, tirará los objetos que hagan ruido una y otra vez, querrá ver como flotan las cosas en el agua... Todo eso es lo que le toca hacer, no es que sea malo o quiera fastidiar.

Por ejemplo, un niño de dos años puede estar fascinado por un enchufe y querer tocar esos puntos negros; porque no entiende por qué el enchufe es así. Quiere ver cómo sabe y si es duro o blando. Lo hace porque desconoce que el enchufe es peligroso.

Es imprescindible para el desarrollo que dejemos a los niños explorar con independencia el entorno que les rodea guiados por su motor de aprendizaje: la curiosidad. Nuestro papel es protegerlos sin sobreprotección de aquello que es realmente peligroso (Ver apartado «Sobreprotección *vs.* autonomía» de este capítulo).

¿Cómo podemos acompañarlos en esta etapa?

El principal objetivo como padres en esta etapa es fomentar su autonomía y permitir que explore. Los bebés necesitan saber que los apoyamos en esto y que les vamos a ayudar a que lo consigan. Las restricciones deben ser las justas y encaminadas a su propia seguridad, es decir, a las cosas que sean realmente peligrosas.

> Es común que los padres, por miedo a que se caigan, cojan a sus hijos de la mano todo el tiempo. Este comportamiento no solo limita su capacidad de movimientos, sino la posibilidad de explorar, porque ambas cosas están relacionadas.

Si tenemos un «científico loco» en casa capaz de decir «no» con soltura y se enfada con facilidad, la *seguridad* en el lugar donde esté va a ser fundamental. Es más sencillo y eficaz retirar todo lo que sea peligroso o que pueda romper, proteger los enchufes y poner dispositivos de seguridad para que no pueda abrir los muebles que estar diciendo «no» todo el tiempo.

En los momentos en los que se frustre hay que estar presente, intentando controlar nuestros propios sentimientos e intentando mantener la calma en todo momento; amenazar, gritar, insultar, pegar... solo sirve para prolongar la rabieta y ¿es la reacción que le queremos enseñar cuando algo le enfade? (Ver apartado «¿Cómo gestionar las rabietas desde la disciplina positiva?», en el capítulo «La necesidad de amor incondicional»).

El desarrollo del lenguaje tiene una especial importancia, y puedes favorecer su aprendizaje al leer cuentos, cantar canciones, hablar con ellos, responder a sus preguntas...

Desarrollo de 2 a 3 años. El bebé gruñón: la etapa de los miedos y el rechazo al contacto

Si hay algo que nos va a impactar de nuestro hijo en esta etapa son los *cambios a nivel emocional*, sobre todo porque lo hacen de un modo que puede resultar difícil de entender para un adulto, y podemos pensar que se han parado en el desarrollo o incluso que han vuelto a etapas que creíamos que ya estaban superadas. Esto es debido a que la etapa anterior nos hizo pensar en un «niño independiente», porque aprendió a hablar y a correr y solo quería explorar y ahora parece que «vuelve a nosotros». En cierta manera es así, pero no es verdad que haya sufrido un retroceso, sino que ahora le toca un objetivo muy distinto: el desarrollo emocional. Para lograr algo tan complejo nos van a necesitar y mucho.

En esta etapa empiezan a entender sus sentimientos y aparece algo nuevo que les provoca gran angustia: *el miedo*. Para conseguir que el miedo no lo paralice van a necesitar que entendamos sus sentimientos y el significado de ciertas actitudes que no significan inmadurez, sino precisamente todo lo contrario.

Esta etapa a nivel emocional viene marcada por los miedos, la timidez, el rechazo a establecer contacto físico con extraños y las rabietas que continuarán. Este manejo emocional que es complejo se prolongará más allá de los tres años y poco a poco irá controlándose. Estará, pero será de otro modo, sin tanta frustración ni ansiedad.

Empiezan a entender sus sentimientos, aunque no puedan expresarlos y aún no comprendan los sentimientos de las personas de su entorno. Sus acciones no van encaminadas a provocar reacciones, simplemente las hacen para investigar, demostrar aprobación, enfado o desacuerdo.

¿Cómo se comunican y qué necesitan?

El lenguaje

El *lenguaje* ha evolucionado a gran velocidad y ya son capaces de hacer frases simples. Es importante que hablemos correctamente y usemos las palabras reales para cada objeto, animal, persona... (gato, perro o chupete en vez de miau, guau o tete...). Hay que «perder tiempo» en explicarle las cosas: los límites, lo que nos enfada, el por qué nos enfadan las cosas... Si consigue entender nuestras razones, se sentirá menos frustrado y se enfadará menos.

El juego

El *juego* es una herramienta esencial para el desarrollo y el aprendizaje desde el nacimiento. En esta etapa lo habitual es que todavía *la interacción con otros niños sea muy escasa o inexistente* durante el juego; están físicamente juntos, pero cada uno con su propia actividad.

Al tener un mayor desarrollo psicomotor y manipulativo el juego permite más opciones; el parque será un lugar donde disfruten más al tener autonomía y poder experimentar. Empiezan a mostrar interés por todo lo que se desplace y permita su desplazamiento: cochecitos, motos, triciclos... Querrán juguetes que les permitan manipular: encajar piezas, construir torres, abrir y cerrar cremalleras...

El miedo

El *miedo* en un niño de esta edad no es igual al «miedo fóbico del adulto» o del niño mayor. En el niño el miedo supone una fase necesaria en el desarrollo, desaparece progresivamente si la actitud de los adultos es la adecuada y permite que el niño comience a entender las relaciones sociales. En el adulto el miedo intenso o fobia es un problema que te impide tener una vida normal provocando sufrimiento porque te bloquea.

«El miedo se define como un conjunto de sensaciones, normalmente desagradables, que se ponen en marcha ante peligros que se viven como reales, originando respuestas de tipo defensivo o protector»[*].

El miedo provoca que el niño empiece a ver el mundo de un modo completamente diferente a como lo ha visto hasta ahora y con nuestra ayuda tienen que reorganizar todo, otra vez.

---

[*] Veáse «El miedo y sus trastornos en la infancia. Prevención e intervención educativa», En Revista de Pedagogía de la Universidad de Salamanca, de M.D. Pérez Grande.

¿Qué debemos saber sobre los miedos infantiles?

- Son inevitables, porque constituyen una etapa normal del desarrollo de nuestro hijo.
- Tienen que sufrir el miedo para aprender a controlarlo.
- Les sucede porque necesitan aprender qué es imaginario y qué no.
- Es necesario para aprender cómo comportarse ante lo desconocido y detectar qué cosas pueden entrañar peligro.
- Desaparecen con el tiempo.
- No están relacionados con el desarrollo de miedos en el futuro.
- No significa que nuestros hijos en el futuro vayan a ser miedosos.

Si tenemos presentes las características de esta etapa, seremos capaces de acompañar a nuestros hijos sin provocar más ansiedad de la que ya tienen.

El miedo es provocado por cosas que están en su mundo imaginario y en su mundo real. Para un niño de esta edad ambos mundos son el mismo, porque no es capaz de diferenciarlos, pero, para comprender mejor ambos miedos, se explicarán por separado.

El miedo de su mundo imaginario

El miedo se genera porque su mundo imaginario se ha desarrollado rápidamente y aún son incapaces de diferenciar qué es real y qué no. Esta nueva situación provoca gran angustia porque están convencidos de que todo es real. Es frecuente que tengan miedo a la oscuridad, los fantasmas, los lobos... Es decir, a todo aquello que en su mundo imaginario les da miedo.

Para ayudarles a que puedan aprender qué es ficticio, tenemos que ser capaces de transmitir nuestra comprensión, nuestro respeto hacia sus miedos y no exponerlos de forma innecesaria a ellos. El actuar de otro modo puede generar el efecto contrario y que dichos temores lejos de desaparecer se hagan cada vez más fuertes. Por ejemplo, si tienen miedo a los lobos, elegiremos cuentos, donde no aparezcan o donde los lobos no sean malvados.

El miedo a lo desconocido

A los dos años, nuestro hijo comienza a entender mucho mejor el mundo que le rodea. Ya no son tan confiados y saben diferenciar claramente cuándo se sienten protegidos y cuándo no y qué personas les dan seguridad y cuáles no. Lo conocido les da seguridad y lo desconocido les genera muchas veces miedo y ansiedad.

Este es otro mito del desarrollo que está muy arraigado en nuestra sociedad: «Ha dado un cambio que nos tiene desconcertados. Antes era muy sociable y se iba con todo el mundo y ahora es super tímido. En vez de avanzar, vamos para atrás». Así es y así tiene que ser, porque ahora sabe en quién puede confiar y en quién no y lo desconocido le genera miedo. Está madurando.

Esta es la razón por la cual ya no quiere hablar con personas que no conoce, ya no siente esa necesidad y prefiere quedarse entre las piernas de papá y mamá porque le da seguridad. Si lo pensamos bien, este paso es fundamental para su supervivencia, porque a partir de ahora no se va a ir con cualquiera. Si respetamos esta etapa y no les forzamos a saludar ni a relacionarse con quien no se sienten seguros, poco a poco irán aprendiendo qué hacer con un desconocido y sabrán que hay «grados»; no es lo mismo un amigo de la familia que una persona que encuentren por la calle.

«De repente, su hijo(a) se mostrará muy tímido ante extraños. Este es un signo de su creciente comprensión de las relaciones humanas. Este nuevo comportamiento no es grosería o un rechazo. Es una respuesta inteligente a la situación. Su hijo(a) ya entiende el peligro y sabe la diferencia entre extraños y las personas conocidas. Su cautela frente a desconocidos demuestra que comprende más y más acerca de su mundo»[*].

Interiorizar el miedo a lo desconocido es esencial para la supervivencia y permite desarrollar el instinto de protección. Si en esta etapa se les acompaña y se les respetan sus sentimientos de forma adecuada conseguiremos que el miedo no les paralice, pero les permitirá algo esencial; que puedan ser precavidos en su justa medida.

Ahora entenderás por qué tienen *miedo a que te marches* y quedarse solos con personas en las que no confían. Entienden que te marchas, no saben cuándo volverás y no saben si serán capaces de afrontar sus miedos en tu ausencia.

Rechazo al contacto

Si tu hijo empieza a negarse a dar un beso o un abrazo, ¡enhorabuena, está empezando a tener *control sobre su propio cuerpo!* Este es otro mito del desarrollo, porque lo

---

[*] Asociación Chilena pro Naciones Unidas (ACHNU). *Manual sobre disciplina positiva.*

atribuimos a la timidez: «Antes besaba a todo el mundo, era un amor y ahora nos rechaza». Es una etapa crucial en el desarrollo porque les permite decidir quiénes pueden tocarlos y quiénes no. Esto le da seguridad sobre su cuerpo y sensación de control sobre él.

Es importante dejar a nuestro hijo que exprese muestras de afecto cuando realmente le apetece y no forzar. Probablemente rechace cualquier tipo de contacto con desconocidos, pero también con personas cercanas. Incluso es frecuente que estando con la familia no quiera cuentas con nadie, nada más que con sus principales cuidadores para cubrir sus necesidades como ayudar a colocarse el abrigo, o darle cualquier cosa que pida (juguete, galleta, agua...). Está aprendiendo en quién puede confiar, que no se puede besar a todo el mundo y que es algo que puede apetecer, o no. El contacto empezará a ser algo que busque cuando lo necesite y lo rechazará cuando no lo desee.

El rechazo al contacto va unido a una creciente necesidad del conocimiento del propio cuerpo, los nombres de las diferentes partes, para qué sirve cada una y la necesidad de experimentar con el cuerpo: ¿se podrá comer la arena?, ¿cómo sabrá?, ¿qué textura tendrá?, ¿y si ahora me pongo boca abajo cómo se verá el mundo?...

De este modo aprende cómo es su cuerpo, cómo relacionarse con él, qué cosas puede esperar de él y algo esencial, cómo relacionarse con los demás a través del contacto y del cuerpo.

Es un buen momento para empezar a trabajar sobre las partes del cuerpo que son íntimas y no deben ser tocadas por nadie, los genitales. *En esta etapa empieza la educación sexual incipiente.*

¿Cómo comunicarnos con ellos?

La comunicación verbal adquiere gran protagonismo. Los niños pueden entendernos, independientemente de que puedan tener más o menos desarrollado el lenguaje. Lo importante es adaptar lo que queremos decir a un lenguaje que sea acorde a su edad. El mensaje tiene que ser corto, claro y conciso. Hablar y escuchar comienza a ser esencial en la relación con nuestro hijo desde esta etapa.

El llanto sigue estando presente, pero con un fin; es usado para hacer patente las emociones negativas, como la tristeza, el enfado y la frustración.

Las muestras de afecto siguen siendo necesarias y el contacto es importante como forma de comunicación, pero siempre respetando la elección que ellos adopten en cada momento. Si tenemos muchas ganas de abrazarlos y en ese momento nos rechazan, no hay que forzarlos a que lo hagan en ese momento.

El desarrollo físico

Es la etapa en la que consolidan la capacidad de desplazarse caminando con total seguridad, incluso en las situaciones más difíciles. Ahora tenemos un hijo «todo terreno»: pueden andar hacia atrás, suben y bajan escaleras de pie, trepan con facilidad... Y lo quieren practicar en cada oportunidad, así que ármate de paciencia porque puedes tardar en cualquier trayecto tres veces más que si vas solo. ¡Para ellos la calle es un parque temático! Es la etapa de los triciclos, cochecitos, motos...

También tienen en esta etapa una gran evolución a nivel manipulativo, mostrando gran interés por los juguetes y objetos que les permiten desarrollar la habilidad manual: encajar piezas, hacer torres, hacer puzles sencillos de madera...

¿Cómo podemos acompañarlos en esta etapa?

«En esta etapa, su niño(a) necesita mucho apoyo y sensación de seguridad. Saber que usted entiende y respeta sus sentimientos y que le garantiza su seguridad»[*].

Estamos ante un periodo en el que el desarrollo a nivel físico está consolidado, se va perfeccionando poco a poco. La movilidad y habilidad manual ya no suponen una dificultad, «son un reto superado». Sin embargo, es la etapa de la maduración emocional, con grandes retos para el niño: empezar a entender las propias emociones, manejar el miedo, comprender el mundo que lo rodea...

Como padres, en esta etapa necesitaremos grandes dosis de amor, respeto, paciencia, comprensión y autocontrol. En cada situación y pase lo que pase. Si te equivocas, no pasa nada, pide perdón y muestra tu arrepentimiento por lo que ha pasado. *La mejor educación es el ejemplo*. Si queremos que nuestro hijo nos respete y comprenda demostremos cada día nuestro respeto y comprensión hacia ellos.

En esta etapa es importante:

- *Entender a tu hijo cuando rechace relacionarse con extraños o evite las muestras de afecto*. Aunque socialmente es probable que recibas críticas piensa en lo que tu hijo necesita. No es raro que mientras se esconde entre tus piernas alguien te diga: «¡Vaya, pero qué tímido, anda no seas tonto... dale un beso a tu...!».

---

[*] Asociación Chilena Pro Naciones Unidas (ACHNU). Manual sobre disciplina positiva.

- *Ayudarle a traducir sus sentimientos a palabras*, intentando explicarle lo que creemos que le pasa en ese momento. Por ejemplo, tiene muchas ganas de salir de casa porque vais al parque y quiere irse ya, pero estuvo jugando con sus juguetes y todo está en medio; le dices que hay que recoger y se enfada: «Sé que estás enfadado, porque no quieres recoger los juguetes. Los recogemos juntos y nos vamos».
- *Explicar que nosotros sentimos también*: tristeza, vergüenza, enfado...

¿Cómo ayudarles a afrontar el miedo?:

- *Respetar los miedos*. Es importante que le digamos a nuestro hijo que entendemos sus miedos y que a nosotros también nos pasaba cuando éramos pequeños, que es normal que le suceda. Nunca hemos de ridiculizarlo ni restarle importancia. Al decirle que es una tontería el tener miedo a las brujas, fantasmas, lobos... porque no existen o que ya está bien de tener tantos miedos que son mayores, lo único que conseguimos es que se sienta ridículo y se culpabilice por lo que le pasa.
- *Ofrecer nuestro apoyo y dar seguridad*. Si siente que, pase lo que pase, estaremos para ayudarle y que no tiene que preocuparse de nada, se siente liberado y más tranquilo. Cuando sienta miedo nunca hay que castigarlo o reñirle para que se enfrente a dicho miedo, porque aumentamos su ansiedad. No intentes tampoco razonar el miedo porque no suele funcionar e incluso puede ser contraproducente. Por ejemplo, si tu hijo piensa que hay un perro bajo la cama y miráis juntos para comprobar que no está, tu hijo puede preguntarse por qué miráis bajo la cama si tú sabes que no hay un perro.

- *Intentar no prestar excesiva atención a sus miedos, ni excesiva preocupación.* Si el miedo es a algo a lo que tenemos que enfrentarnos todos los días, no anticipar lo que va a pasar. Si tu hijo es un niño que necesita mucho afecto, demuéstrale el cariño en cada situación y no solo cuando tenga miedo. Por ejemplo, si tiene miedo a los perros y nuestro vecino tiene uno, tratad la situación con normalidad, no es lógico cambiar el horario de salida de casa ni evitar montarnos en el ascensor con él. Si nos encontramos al perro hay que decirle a nuestro hijo que no se preocupe, que no le pasará nada, porque estamos con él, pero no sobreactuar intentando protegerlo a cualquier precio.

- *Evitar exponerlo de forma innecesaria a los miedos, sin evitarlos a toda costa.* Si no es necesario enfrentarse a él, no lo exponemos a ese miedo, pero si nos topamos con el miedo tampoco lo evitamos. Si tiene miedo a la oscuridad, puede dormir con una luz; si tiene miedo a los lobos, buscaremos cuentos donde los lobos sean buenos; si tiene miedo a los perros. no compraremos uno, pero si nos lo encontramos por la calle no cambiaremos de acera...

- *No usar «el miedo» para conseguir que nos hagan caso:* «Si no recoges los juguetes, llamo al hombre del saco». El miedo es muy eficaz para conseguir que nos obedezcan a corto plazo, pero a largo plazo tendrán miedo.

- *Intentar no transmitirle nuestros miedos.* El ejemplo es la mejor forma de educar. Si nos enfrentamos a nuestros miedos con ansiedad, nuestro hijo hará lo mismo. Así que máximo autocontrol ante nuestros propios miedos.

Desarrollo de 3 a 5 años. El niño sabio: la etapa del por qué

«Los niños(as) necesitan tiempo para jugar. Se trata de otro elemento básico en su desarrollo. Si tienen tiempo para desarrollar su imaginación, serán más creativos para resolver problemas. Si pueden desarmar cosas y armarlas de nuevo, se darán cuenta de que pueden resolver otras situaciones. Si pueden dibujar y cantar, adquirirán más confianza en sí mismos para expresarse a través del arte. Si tienen la oportunidad de elaborar argumentos, serán mejores en la solución de conflictos»[*].

Es un periodo mágico en la vida de un niño. El niño ya tiene cierto desarrollo emocional y sus movimientos están consolidados y ahora su cerebro está preparado para aprender. Es más, *su cerebro necesita aprender* y saberlo todo. Para ello, la naturaleza le da algo increíble: la *curiosidad*. La curiosidad mueve montañas, revoluciona la forma de aprender y lo inunda todo. La curiosidad le da autonomía, porque ya no necesita que los adultos le motiven para conocer cosas nuevas, ya tienen su propia motivación, que es muchísimo más intensa que la que podamos tener los padres. Ahora es protagonista de su propio proceso de aprendizaje a través de una pregunta mágica: ¿por qué?

Su forma de comunicarse es más parecida al adulto y, a medida que se van haciendo mayores, las palabras y los gestos serán sus formas esenciales de relación. El lenguaje va enriqueciéndose y aumentando el vocabulario más y más. Pero no solo eso, empiezan a tener *sentido del humor*, a pillar los

---

[*] Asociación Chilena pro Naciones Unidas (ACHNU). *Manual sobre disciplina positiva.*

dobles sentidos de las frases y a enterarse absolutamente de todo lo que se hace y se dice.

Ahora necesitan fundamentalmente *respuestas, límites claros, jugar y que les dejemos ayudar.*

La necesidad de respuestas

El niño se pasará el día preguntando por qué. Su intención no es irritar ni ser pesado. Hace preguntas porque realmente necesita saber, quiere conocer las respuestas para alimentar a su insaciable curiosidad.

Querrá y necesitará saber el porqué de todo y tras cada respuesta habrá un nuevo porqué y así hasta el infinito, porque su curiosidad es insaciable.

¿Qué conseguimos a través de las respuestas?:

• *Interés por aprender:* si respondemos a sus preguntas, alimentaremos su curiosidad y le resultará fácil y divertido aprender.

• *Confianza en sí mismo y autoestima:* cuando empieza a darse cuenta de todo lo que aprende, se refuerza su idea sobre lo que es capaz de hacer y que puede conseguirlo.

• *Las herramientas necesarias para que él pueda seguir siendo el protagonista de su propio aprendizaje.* El ofrecer la posibilidad de obtener respuestas no siempre tiene que implicar que nosotros le demos directamente la solución; si no conoces la respuesta puedes buscarla con él, y, aunque la conozcas, puedes ayudar a que él mismo encuentre la respuesta: «¿Mamá, el papel flota, y la muñeca y la botella llena de agua?». No le respondas, llena un recipiente con agua y deja que experimente.

- *El que entiendan que no pasa nada por no saber todo y que saber todo es imposible.* Si aceptas tus limitaciones, ellos vivirán con naturalidad las suyas propias.

La necesidad de límites

A través de las preguntas y de la investigación del entorno encontrarán lo que es peligroso o inadecuado; como no podemos dejar que hagan lo que les parezca, será el momento para empezar a poner límites. Tu hijo no cruzará el semáforo en rojo, porque quiera provocar, sino porque desconoce que es peligroso. Los límites se adquieren a base de repetición. Si cada vez que cruzamos lo hacemos en verde y le explicamos por qué es peligroso cruzar en rojo y actuamos siempre de la misma forma, finalmente logrará entenderlo. Por eso es importante que todos los cuidadores estén de acuerdo en los límites y actúen de forma parecida cuando se incumplan.

Es recomendable que le expliquemos a nuestro hijo el porqué algo es peligroso o por qué establecemos un límite determinado. Si lo entiende y lo considera razonable, será más fácil que lo asuma como propio y lo respete.

Es recomendable que los límites tengan una serie de características:

- *Claros*: evita los rodeos y ve directamente al grano. Si das excesivas explicaciones es probable que se pierda en los detalles y no logre entender lo que esperas que haga.
- *Razonables en «cantidad y calidad»*:
  - El número de límites tiene que ser el justo y necesario. Si se establecen muchos límites, es fácil desobedecer y es agotador conseguir que los cumplan todos.

- *Los límites establecidos* tienen que ser coherentes entre sí y los padres estamos obligados a cumplirlos.
- *Tener una escala de importancia en los límites.* Si todas las normas de casa están al mismo nivel es difícil que entienda lo que es realmente importante. ¿Qué es primero, aprender que el fuego quema o que tiene que recoger los juguetes?
- *Establecer unas consecuencias si se incumplen.* Las consecuencias tienen que ser diferentes según la importancia de lo ocurrido y evitar usar el miedo o el cariño como moneda de cambio. Una buena herramienta es dejar que vivan las consecuencias lógicas de sus acciones y es más efectivo que castigar. Por ejemplo, si no recoge los juguetes, se enfada y no deja que le ayudes, tendrá menos tiempo para ir al parque. La excepción sería en los límites que impliquen acciones peligrosas (no podemos dejar que se queme para que aprenda que el fuego quema).

La necesidad de jugar

Jugar para un niño es mucho más que «estar entretenido». Los niños juegan porque es esencial para su desarrollo, al ser la mejor herramienta para su aprendizaje. Son transportados a un mundo paralelo donde ellos son los protagonistas y los adultos simplemente no existen, solo observan desde fuera para protegerlos. Por eso, cuando nos piden que juguemos con ellos tenemos que dejar que sean ellos quienes establezcan las reglas y nos muestren cuál es el papel que tienen reservado para nosotros e intervenir lo mínimo imprescindible.

Durante el tiempo de juego los padres tenemos que ser respetuosos y no ridiculizar o frivolizar sobre lo que hacen. Si el juego nos parece inapropiado hay que intentar reconducirlo, pero no juzgarlo. El único límite durante el juego es lo que pueda ser peligroso.

Mediante el juego los niños experimentan, crean, imaginan, imitan (permitiendo que se pongan en el lugar de otros), plantean retos, buscan sus propias soluciones, practican los movimientos que están aprendiendo en cada etapa, manipulan, modelan, dibujan...

En el tiempo de juego los niños tienen que establecer sus propias reglas. Tiene que ser un juego libre y guiado por las necesidades del niño en cada momento. Unas veces el niño necesitará correr, pintar o simplemente mirar qué hace una mariposa...

La función de los padres en el juego es ser facilitador...

- Facilitar *espacios seguros* donde poder jugar.
- Facilitar que dispongan de *tiempo*. La mejor actividad extraescolar para tu hijo es jugar y aburrirse para poder crear.
- Facilitar los «*juguetes*» en su justa medida. El exceso les abruma y les bloquea.
- Facilitar los juegos al *aire libre*. El contacto con la naturaleza es una excelente forma de fomentar su curiosidad y estimular sus preguntas.

La necesidad de dejarles ayudar

A partir de los 3 o 4 años los niños quieren ayudar en casa: fregar, barrer, hacer la comida... El hecho de favorecer que colaboren, aunque al principio no lo hagan bien, es demostrarles que creemos en ellos y que todo aprendizaje conlleva equivocarse y cometer muchos errores que irán desapareciendo a medida que tengan más experiencia.

Si los dejamos ayudar, fomentamos su autonomía y se sienten útiles. Muchas veces subestimamos las capacidades de los niños y les hacemos todo, porque «nosotros lo hacemos mejor y más rápido»; entonces ¿cuándo van a aprender?, ¿cuándo tendremos tiempo para que practiquen y les enseñemos? Si les impedimos ayudar, y la posibilidad de ir aprendiendo poco a poco, acabaremos matando sus ganas, desistirán y no lo harán.

Una forma de educar según la forma de ser de tu hijo

En las primeras semanas de vida el bebé empieza a dar señales de cómo es: si se irrita con facilidad, si se adapta a los cambios, si es fácil de llevar... A esa forma de ser, única y especial de cada uno, se llama *temperamento* y está influenciado fundamentalmente por la genética. El temperamento está muy presente en la segunda maternidad, cuando descubres que lo que te sirvió para el primer hijo al segundo le incomoda y que cada uno tiene su propia forma de expresión. Cada uno tenemos nuestra forma de ser y se pone de manifiesto desde las primeras semanas de vida.

El temperamento que viene «impuesto de fábrica» poco a poco se va moldeando dando lugar al *carácter*. Podríamos decir que el temperamento es la harina, el agua y la levadura y el carácter es el pan tras el amasado y el horneado. El amasado y el horneado es el entorno que nos rodea, el cómo nos tratan y la educación que recibimos.

Es importante ser conscientes del temperamento de nuestro bebé para saber cómo tenemos que acompañarle en su educación, para aportarle aquellas características que por su forma de ser le cuesta poner en marcha por sí mismo, con el objetivo de conseguir que su carácter sea más equilibrado.

> Ningún temperamento es perfecto y tiene sus propias dificultades que no debemos perder de vista. Lo que sí es cierto es que según el grado de compatibilidad entre nuestra forma de ser y la de nuestro hijo nos pueda parecer más fácil o difícil acompañarlo en el aprendizaje.

Por ejemplo, si nuestro hijo es muy sensible y nosotros también, nos puede resultar sencillo saber cómo se siente en cada momento. Por el contrario, si no lo somos, puede llegar a resultarnos irritante, porque no logramos entenderle.

> Es importante que sepas que todos los bebés no son iguales y que hay determinadas características que pueden necesitar de una mayor adaptación por parte de los padres, e incluso pueden generar la sensación de ser «malos padres».

Los «tipos» de bebés según su forma de ser

Intentar clasificar a los niños según su forma de ser es una tarea difícil y arriesgada, porque la mayoría de ellos no cumplen con las características de una forma de ser, sino que son «mezclas sutiles», pero nos ayuda a darnos cuenta de que cada uno tiene sus ventajas e inconvenientes y cada niño va a presentar unas necesidades diferentes según su forma de ser.

- *Bebés tranquilos y fáciles de llevar* que se adaptan bien a los cambios, aceptan las rutinas y en general tienen buen humor.

- Tienen dificultades para pedir lo que necesitan y es fácil que sus necesidades no sean cubiertas. Es difícil saber cómo están realmente porque no manifiestan claramente sus sentimientos. Como se quejan o lloran poco tendemos a prestarles menos atención o solo hacerles caso cuando nos demandan. Aunque no lo pidan es necesario mostrarles afecto, jugar con ellos, prestarles atención...

- *Bebés inquietos que saben lo que quieren.* No pueden parar quietos y necesitan estar en continuo movimiento. Saben lo que quieren en cada momento y lo manifiestan. Cuando se frustran suelen ser intensos en sus reacciones. Son muy divertidos, traviesos, simpáticos y creativos.

- El movimiento les ayuda a tranquilizarse y es su manera de percibir el mundo. Cuando están cansados, se vuelven peligrosos pudiendo sufrir golpes de alta intensidad, por lo que es necesario que duerman lo suficiente y mantener ciertas rutinas. No podemos pretender que estén quietos durante mucho tiempo. La naturaleza, el deporte, las actividades al aire libre... les ayudan a relajarse. Tu ejemplo es fundamental para aprender a manejar sus frustraciones, intenta controlar la situación cuando te provoquen. Fomenta su autonomía y su creatividad.

- *Bebés sensibles y desconfiados.* Necesitan seguridad y tiempo suficiente para adaptarse a lo nuevo. Les cuesta confiar en otras personas y se sienten amenazados con frecuencia.

- Sus figuras de referencia son esenciales para ellos porque son su manera de introducirse en lo nuevo, que tanta desconfianza les produce. Sé paciente, dales su tiempo y no los fuerces a hacer cosas para las que no se sientan preparados. Poco a poco cogerán seguridad en sí mismos y ya no necesitarán tanto tiempo para adaptarse.

- *Bebés que luchan por todo.* Son llorones cuando son muy pequeños e impredecibles; cada día querrán dormir o comer a unas horas diferentes. Es fácil saber cómo se sienten porque manifiestan la tristeza y la alegría con intensidad. Dicen lo que necesitan y necesitan muestras de afecto constantes.

  - Aunque al principio parece que nada funciona con ellos, si establecemos rutinas poco a poco son capaces de adaptarse a ellas. Hay que ayudarles a controlar sus emociones transmitiendo que las comprendemos y que estamos ahí para ayudarles pase lo que pase, aunque ellos hayan perdido el control. En general las muestras de afecto les ayudan a controlar hasta las situaciones más difíciles. Si conseguimos que tengan confianza en sí mismos son creativos e independientes.

Lo que impide un desarrollo adecuado del niño

No existe un patrón constante en el desarrollo del niño y hay muchas variables que pueden afectar alterándolo: la personalidad del niño, problemas de salud, factores relacionados con el ambiente... Sin embargo, hay tres elementos esenciales que son especialmente importantes, porque dependen directamente de nosotros, los padres, y por tanto podemos modular su presencia: la *sobreestimulación*, las *pantallas* y la *sobreprotección*.

La sobreestimulación

La *estimulación* en el aprendizaje es acompañar al niño en cada etapa, facilitando su desarrollo y respetando su propio ritmo. Por ejemplo, permitir que un niño de seis meses esté la mayor parte del tiempo en el suelo, que el de un año explore el entorno con seguridad y responder al por qué cuando tienen cuatro, tener tiempo para jugar o para aburrirse...

Sin embargo, *en la actualidad se confunde la estimulación con la sobreestimulación*, a la que no solo están sometidos nuestros niños, sino también los adultos. Estamos en un mundo en el que se nos ha olvidado lo importante que es parar y tener tiempo.

Parar y tener tiempo para pensar, para crear, para aburrirse... Si viven todo el tiempo ocupados, ¿cuándo juegan?, ¿cuándo se aburren?, ¿cuándo sueñan?, ¿cuándo dejamos que su curiosidad se ponga en marcha? Hay niños que desde que se levantan hasta que se acuestan están ocupados llenos de obligaciones y actividades múltiples. El poco tiempo libre que tienen lo dedican a pantallas, ¿dónde está el tiempo libre de estímulos? No existe, están *sobreestimulados*.

¿Qué le pasa a un niño cuando está sobreestimulado?:

- *Agotamiento físico*. Cuando un niño está muy cansado entra en un estado de sobreexcitación. Están muy activos, pero esa actividad solo les permite movimiento. Se mueven porque tienen dificultades para parar, pero sin una finalidad. En el agotamiento no hay aprendizaje ni pueden disfrutar de lo que hacen.

- *Trastornos del sueño*. Cuando hay un alto nivel de estímulos cuesta trabajo relajarse y conciliar el sueño. El sueño es más inquieto y aumentan los despertares.

- *Disminuye la atención*. Los niños tienen dificultades para mantener la atención y se distraen con cualquier estímulo. Si los estímulos son constantes y simultáneos (jugar mientras ven la tele) es improbable que puedan concentrarse.

- *Tiempo limitado para las actividades que realmente son estimulantes para su cerebro*: el contacto con la naturaleza, jugar y aburrirse para crear e imaginar.
- *Alto nivel de exigencia*. Necesitarán estar ocupados para sentirse bien, porque han aprendido a llevar ese ritmo de vida y parar les genera inquietud y sensación de vacío. Vivirán a un ritmo acelerado y todo lo que suponga parar supondrá un reto (aunque sea esperar su turno en la cola del cine).

Otro aspecto importante, además de la cantidad de estímulos recibidos, es valorar en sí mismo el tipo de estímulo que vamos a ofrecer. Iniciar un aprendizaje cuando un niño no está preparado puede generar bloqueo, ansiedad y rechazo. Por ejemplo, si obligamos a un niño a nadar cuando aún se siente inseguro en el agua, se bloqueará y se negará a bañarse, pero además es probable que comience a tener miedo al agua; y, cuando finalmente aprenda a nadar, terminará siendo una actividad por la que tenga poco interés.

Las pantallas y los menores de 3 años

Las *TIC* (tecnologías de la información y la comunicación) son el conjunto de recursos, procedimientos y técnicas usadas para el procesamiento, almacenamiento y transmisión de información. Las nuevas tecnologías hacen referencia a los dispositivos más modernos: ordenador, *smartphone*, tableta... Los clásicos hacen referencia a la radio, la televisión o el periódico.

¿Hay que evitar el uso de las TIC en los niños de 0 a 3 años?

Sí, hay que evitar que usen las nuevas tecnologías y cualquier tipo de pantalla. Vamos a explicar por qué.

¿Por qué son tan importantes los tres primeros años de vida?
Como hemos visto a lo largo del capítulo, los tres primeros años de vida son esenciales para el desarrollo físico y emocional. Se adquieren capacidades que son la base para seguir aprendiendo: andar, hablar o el manejo de las frustraciones, entre otras. Todo lo que el niño no haya conseguido en esta etapa le repercutirá en su desarrollo futuro.

Tienen mucho trabajo por hacer y de vital importancia para el futuro:

- *Establecen el vínculo de apego.* Es la etapa en la que el niño inicia las primeras relaciones con sus cuidadores habituales, siendo el reflejo de su personalidad y de la forma de relacionarse en el futuro. Para ello es necesario que los cuidadores estén disponibles para cubrir sus necesidades básicas, el afecto y el juego.

- *Desarrollo del lenguaje*: la mejor manera para que un niño aprenda a hablar es que le hablen, escuchar y emitir sonidos y repetirlos con ellos.

- *Desarrollo de la psicomotricidad gruesa*: gateo, los primeros pasos, etc. Para ello necesitan tener espacio y jugar en el suelo para que investiguen cuando gatean o caminan.

- *Desarrollo de la psicomotricidad fina*: meter unos objetos dentro de otros, el uso de las cremalleras, abrir y cerrar para usar el giro de muñeca, etc. Para ello es imprescindible que jueguen y que tomen contacto con el mundo que les rodea.

- *Capacidad de interaccionar con niños y adultos*, aprender a manejar sus rabietas y frustraciones.

- *Manejar los tiempos de espera*, saber que no puede obtener todo lo que desean en el momento.

¿Cómo aprenden los niños de 0 a 3 años?

En los primeros 12 meses de vida el mejor aprendizaje es el uso del suelo para las actividades y, a medida que van madurando, el uso de juguetes o de objetos de la vida diaria que les permitan desarrollar la psicomotricidad fina y gruesa.

A partir del año o los 18 meses el niño quiere jugar y que juguemos con él. Es importante dejar que él nos dirija en su juego y no establezcamos reglas más allá de lo que pueda ser peligroso para él; es lo que se llama el juego no estructurado.

Cantarles, hablarles, el contacto con otros niños y con la naturaleza es el mejor método para que aprendan.

¿Para qué sirven las nuevas tecnologías de 0 a 3 años?

Las nuevas tecnologías *solo sirven para que se entretengan, pero no para que aprendan*. Es precisamente esta utilidad, entretenerlos, la que invita a los padres a ponerles a los hijos las pantallas, son las llamadas «*pantalla niñera*».

¿De verdad que un niño de esta edad, con todo lo que tiene que aprender cuando todo es nuevo y sorprendente para él, necesita las pantallas para «distraerse»? ¿No será que realmente la utilidad es para el adulto, porque así *no molesta*? ¿Realmente no molestan o simplemente no les dejamos ser niños y hacer lo que les toca en esta etapa?

El riesgo de las pantallas es que se utilicen de modo habitual para que el niño no moleste, y pase demasiado tiempo delante de ellas. El niño está quieto, porque está recibiendo una información que no es capaz de procesar a gran velocidad. Si usamos las «pantallas niñeras» debería ser el último recurso en momentos de extrema necesidad (para el adulto). Antes, hay que agotar otras posibilidades.

¿Por qué evitar que usen las pantallas?
Para responder a esta pregunta tenemos que conocer las diferencias según el tipo de pantalla. La televisión es una pantalla completamente pasiva, el niño no interacciona de ninguna forma con ella y además emite un cambio de imágenes continuo con ruido que el niño pequeño no tiene la capacidad de procesar.

Con los *smartphone* y las tabletas el niño puede seleccionar el contenido, no tiene tanto cambio de imágenes ni de sonido, los movimientos que realiza el niño son por imitación, pero realmente no entiende el contenido.

Una excelente alternativa a las pantallas son los libros, contarles historias, cantarles, etc., porque podemos interaccionar con ellos.

Al usar las pantallas:
- Pasan tiempo con pantallas, cuando deberían pasar el tiempo en contacto con sus cuidadores.
- No les permitimos que aprendan lo que realmente necesitan en esta etapa.
- Nos acostumbramos a usar las pantallas cuando el niño «molesta».
- No les permitimos aprender a manejar sus tiempos, sus frustraciones y a que desarrollen todo su potencial, que es esencial en los tres primeros años.

Y si las usan, ¿cuáles son las recomendaciones?
- Uso racional de los dispositivos electrónicos, limitando el tiempo al mínimo imprescindible. Pueden usarlos para co-

municarse con personas que estén lejos (llamadas telefónicas o uso de videoconferencia) siempre que el tiempo de uso no sea excesivo.

- No es recomendable dejarlos solos, deben estar acompañados y hay que interactuar con ellos y con el dispositivo que usemos.

- No ser sustitutivo del juego tradicional ni de actividades deportivas o al aire libre.

- Instalación de aplicaciones adecuadas para cada edad, con fines educativos, evitando los juegos.

- Si tiene acceso a internet, instalar antivirus y limitar el acceso a páginas con contenidos inadecuados para el niño.

La sobreprotección *vs.* autonomía

«Es preciso evitar la sobreprotección que, en relación con los miedos, tiene dos efectos negativos: ofrece al niño la idea de que el mundo está lleno de peligros al ver las preocupaciones excesivas de los padres y, por otra parte, hace que el niño se encuentre menos capacitado para superar por sí mismo los problemas y enfrentarse con momentos difíciles, por la falta de oportunidades para encarar las situaciones. La independencia adecuada a su edad le llevará a tener confianza y a valerse por sí mismo».[*]

La *autonomía* permite que el niño comience a hacer las cosas por sí mismo sin necesidad de tener a los padres cerca. Cuando fomentamos que sean autónomos poco a poco empiezan a tener *iniciativa* y harán cosas por sí mismos sin necesidad de que se las pidamos. En realidad, la autonomía es

---

[*] M.D. Pérez Grande, *El miedo y sus trastornos en la infancia. Prevención e intervención educativa.*

otro elemento mágico en la educación, pero es necesario creer en la capacidad de nuestros hijos y perder nuestros propios miedos.

Es frecuente ver a padres excesivamente preocupados en el parque evitando que el niño juegue por miedo a que se caiga o se haga daño o padres que evitan que sus hijos ayuden en casa porque piensan que no lo harán bien. Este comportamiento limita a nuestros hijos en su desarrollo y les transmitimos nuestras propias limitaciones y miedos sin darnos cuenta. La autonomía es progresiva para cada actividad y edad, pero es necesario que seamos capaces de fomentarla. Por ejemplo, es normal que estés cerca cuando dé los primeros pasos por si se cae porque aún es muy inestable, pero una vez que ya lo ha logrado poco a poco déjale que lo haga solo. Luego quédate cerca, pero ayúdale solo si te lo pide; posteriormente mantén el contacto visual, pero que él no note que lo estás vigilando; hasta que llegue un momento en que ambos os sintáis seguros y no sea necesario el contacto visual permanente.

¿Cómo puedo fomentar su autonomía?

• Entre los 2 y 3 años puede ayudar a poner la mesa, a recoger los juguetes, a preparar su ropa para el baño, a meter la ropa sucia en la lavadora, lavarse las manos, ayudar a cocinar mezclando ingredientes o cortando con las manos...

• Entre los 4 y 5 años puede meter las cosas en el lavaplatos, fregar, hacer la cama, ducharse, vestirse solo, echarse la crema, poner y quitar la mesa, recoger la habitación, limpiar líquidos que se hayan derramado, responsabilizarle de las cosas que son necesarias llevar al colegio...

Mi experiencia como madre

Aún recuerdo cuando mi primera hija tenía pocos meses de vida y la *«plantábamos» delante de la tele,* porque alguien nos dijo que la tele a esa edad les entretenía y, si se la poníamos en inglés, mejor.

Pronto nos dimos cuenta de que estaba *paralizada* ante la pantalla, no pestañeaba y fue cuando empecé a buscar información sobre la influencia de las pantallas en los niños menores de tres años.

Así que la televisión es casi un elemento decorativo porque poco la encendemos. De hecho, hemos encontrado tantas ventajas en verla poco que no sentimos la necesidad de prestarle más atención.

Cuando nuestra hija ve la tele, *la acompañamos y nos pregunta sus dudas e inquietudes.* Aún recuerdo la primera vez que vimos *Frozen* juntas, pensando, inocente de mí, que iba a ser un momento de relax y de tiempo compartido sin demasiado estrés. Pues no señores, por extraño que parezca se convirtió en un interrogatorio acerca de la muerte. Tal fue así que tuvimos que apagar la televisión y dejar un tiempo (de varias semanas) para que pudiese procesar la información y estar preparada para enfrentarse a la película de nuevo. Hay un momento en el largometraje en el que los padres se van de viaje, se montan en un barco y no vuelven. Las preguntas eran incesantes. ¿Qué les ha pasado? ¿Por qué no vuelven? ¿Cuando te vayas de viaje te va a pasar lo mismo? ¿Por qué se mueren? Intenté ser sincera y contestar a todas las preguntas adaptándolas a su edad, aunque fue una ardua tarea.

Para ella, ver la televisión es una actividad familiar que compartimos y disfrutamos juntos.

Un beneficio de ver poco la televisión es que al no ver anuncios solo pide lo que realmente desea. De hecho, en la carta de Reyes de este año decía que solo pedía una cámara de fotos porque es lo único que necesitaba.

Bibliografía

Anand, V., Downs, S., Bauer, N. S. & Carroll, A. E., 2014. Prevalence of Infant Television Viewing and Maternal Depression Symptoms. *Journal of Developmental & Behavioral Pediatrics*, abril, 35(3), pp. 216-224.

Asociación Chilena pro Naciones Unidas (ACHNU), 2008. *Manual sobre disciplina positiva*, Ñuñoa-Santiago: s.n.

Asociación Española de Pediatría, s.f. *Manual de Puericultura de la Asociación Española de Pediatría*. s.l.:s.n.

Byeon H, Hong S, (2015) Relationship between Television Viewing and Language Delay in Toddlers: Evidence from a Korea National Cross-Sectional Survey. PLoS ONE 10(3): e0120663. https://doi.org/10.1371/journal.pone.0120663

Duch, H., Fisher, E. M., Ensari, I., & Harrington, A. (2013). Screen time use in children under 3 years old: a systematic review of correlates. The International Journal of Behavioral Nutrition and Physical Activity, 10, 102. http://doi.org/10.1186/1479-5868-10-102

Gámiz, F. & Gallo, M., 2011. Taste learning and memory: a window on the study of brain aging. *Frontiers in systems neuroscience*, 8 noviembre.

Pérez Grande, M. D., 2000. El miedo y sus trastornos en la infancia. Prevención e intervención educativa. *AULA Revista de Pedagogía de la Universidad de Salamanca*, Issue 12, pp. 123-144.

Radesky, J. S., Silverstein, M., Zuckerman, B., & Christakis, D. A., (2014). Infant self-regulation and early childhood media exposure. Pediatrics, 133(5). DOI: 10.1542/peds.2013-2367.

Vanderloo, L. M., 2014. Screen-viewing among preschoolers in childcare: a systematic review. *BMC Pediatrics*, 16 agosto.

CAPÍTULO VII

La necesidad de ser cuidados

Este capítulo es una recopilación de las dudas más frecuentes en el cuidado de los hijos. Los momentos de cuidado son otra forma de comunicarnos con nuestro hijo, de mirarnos, de sonreír, de ser cómplices, de disfrutar, de conocernos... El chupete, el cuidado del área del pañal, los celos entre hermanos...

CONTENIDO DEL CAPÍTULO

¿Es necesario usar manoplas y gorro en el recién nacido?

Manoplas no, gorro sí.

El tacto y el olfato son los sentidos más desarrollados en el recién nacido, les sirven para orientarse. El contacto es una de las primeras experiencias afectivas; si le ponemos manoplas, impedimos que puedan tocarnos y reconocernos (Ver capítulo «La necesidad de contacto del bebé»).

Los recién nacidos, por el contrario, no regulan la temperatura. La mejor forma de mantenerlos calentitos es en contacto piel con piel; cuando no los tengamos en piel con piel, lo mejor es vestirlos y ponerles un gorro, ya que la cabeza, debido al tamaño que tiene en proporción con el resto del cuerpo, es una superficie importante por la que hay pérdida de calor si no está cubierta.

¿Hay que despertar a un recién nacido para darle de comer?

No es necesario si el bebé ha nacido a su tiempo, pesa 3 kg o más y está sano.

La lactancia materna y el biberón es a demanda, cuando el bebé lo pida. Los primeros días de vida los bebés suelen pasar mucho tiempo dormidos, están agotados y es difícil despertarlos.

Cordón umbilical
¿Qué cuidados tengo que realizar en el cordón umbilical tras el alta del hospital?

Según el hospital donde hayas dado a luz se recomienda: la limpieza con agua y jabón o la limpieza con desinfectantes, como el alcohol de 70 grados o la clorhexidina.

¿Cómo limpiar el cordón umbilical?

Recomendación: *agua tibia, jabón y secarlo bien, evitando la humedad. Dos veces al día y siempre que sea necesario.*

Los estudios no han demostrado diferencias entre el uso de agua y jabón o de desinfectante. Lo más importante es mantenerlo seco; no es necesario usar gasas.

¿Qué cosas tengo que vigilar?

Los signos de *infección:* piel de alrededor del ombligo roja y caliente y mal olor (es un olor muy intenso como a huevos que se han podrido; si ocurre te vas a dar cuenta).

¿Cuánto tiempo tarda en caerse el cordón? ¿Tengo que tener algún cuidado especial?

La caída del cordón se produce aproximadamente a la semana de vida *(entre los 7 y los 21 días), pero puede retrasarse.*

No te asustes si está un poco rojo al desprenderse, o si en los cambios de pañal encuentras algún resto de sangre a ese nivel. Es una herida que tiene que terminar de cicatrizar.

Sigue con los mismos cuidados hasta que cicatrice del todo.

El baño del recién nacido
¿Qué significa el baño para el recién nacido?
El baño es mucho más que un momento para «limpiarse». El baño supone para el bebé un momento de contacto, de intercambio de sonidos, miradas y sonrisas. Habla con tu bebé, tócalo y aprovecha para darle un masaje cuando le pongas la crema. Es una de las primeras experiencias de *juego* y una forma de *demostrar afecto* porque permite establecer contacto con el bebé. Es una manera muy interesante de que el *padre forme parte esencial del cuidado del bebé*, por todo lo que implica.

¿Cuándo se puede bañar por primera vez al bebé?
Desde que nacen.

Al recién nacido se le puede bañar desde que nace, pero es recomendable retrasarlo si es posible, porque en las primeras horas lo importante es que esté pegadito a mamá haciendo piel con piel y el baño puede esperar (Ver capítulo «La necesidad de contacto del bebé»).

¿Cómo preparar el baño del recién nacido?
Lo importante es la *temperatura del agua y del ambiente y sujetarlo* para que la cabeza esté siempre fuera del agua.

El primer mes de vida, en el que aún no mantienen bien la temperatura corporal, los baños serán cortos (solo para limpiar, limitando el juego). A partir del primer mes, y si el bebé disfruta de ese momento, se puede alargar siempre que no se quede frío.

La temperatura del agua debemos probarla antes de bañar al bebé, es una de las causas de quemaduras en esta edad. Hay que sumergir el codo y comprobar que no está fría ni caliente, es decir la temperatura corporal, 36-37°C.

Si es invierno la temperatura de la habitación donde lo bañemos tiene que ser agradable, 20-21°C.

Hasta que el bebé sea capaz de sentarse perfectamente hay que sujetarlo entre los brazos o usando una hamaquita de baño.

¿Con qué frecuencia lo baño? ¿Es necesario todos los días?

Los bebés, desde que nacen, pueden bañarse todos los días si se quiere, pero no es imprescindible. La frecuencia depende de las costumbres de cada familia y del temperamento del bebé.

Hay bebés a los que el baño les relaja y les encanta desde que nacen. Hay otros que lloran y se sienten inseguros. Lo importante es la adecuada higiene del área del pañal. Pueden bañarse cada dos o tres días sin problema.

¿Es mejor dar el baño al recién nacido por la mañana o por la noche?

Lo que cada familia considere.

El baño por la mañana es estimulante y por la noche es relajante y puede formar parte de la rutina antes de dormir.

¿Para el baño del recién nacido se puede usar jabón o solo agua?

Se puede usar agua y un jabón neutro suave. Puede utilizarse desde el primer día.

Uñas del bebé
¿Cuándo cortar las uñas al bebé?

Cuando nos sintamos seguros a partir de la segunda o tercera semana de vida.

En el momento en que nos sintamos seguros para hacerlo y hayan pasado las primeras semanas, en las que las uñas son frágiles y se rompen solas.

¿Cómo cortar las uñas al bebé?

Con tijeras de punta redonda, porque los bebés se mueven continuamente y así se reduce el riesgo de provocarles daño. Hasta que nos sintamos seguros podemos usar una lima de uñas.

El pañal
¿Cuántas veces al día hay que cambiar el pañal?

Cada vez que haya caca, y cada tres o cuatro horas si solo hay pipí. Una manera de acordarnos es cambiar el pañal tras cada toma.

¿Para el cuidado de la zona del pañal es mejor el agua o las toallitas?

El *agua templada con jabón neutro usando una esponja*. Para secar una toalla suave sin frotar.

Las toallitas son más irritantes, solo deben usarse cuando no podamos usar jabón.

¿Cuándo y cómo quitar el pañal?
Quitar el pañal requiere tiempo

La retirada del pañal es un proceso y no debemos hacerlo de un día para otro. Hay que estar atentos a las señales que nos indican que nuestro hijo ya está preparado para empezar: avisar que tiene pipí o caca y hacer alguna deposición en el orinal. Adaptando el proceso a cada niño se normaliza y es sencillo tanto para los padres como para el niño.

Si dejásemos al niño con el pañal y no hiciéramos absolutamente nada, unos antes y otros después, se lo acabarían quitando ellos mismos. Lo que ocurre es que las imposiciones sociales, como el inicio del colegio, nos obligan a llevar a los niños sin pañal, y se precipita en ocasiones su retirada, especialmente en los niños que nacen en los últimos meses del año, que empiezan el colegio con dos años.

¿Qué pasa si lo quitamos antes de tiempo?

Cuando un bebé aún no está preparado y le quitamos el pañal de un día para otro se hará pipí y caca encima con frecuencia. La mayoría de los niños, cuando les ocurre, se sienten incómodos e incluso sienten que están haciendo algo malo o inadecuado. Algunos lloran, otros se enfadan e incluso pueden negarse a que les quites el pañal; de un modo u otro sufren.

Ponte en su lugar, probablemente no entenderías por qué mamá o papá te quitado el pañal, sin explicarte nada y vas por ahí haciéndote todo encima.

No empieces el proceso antes de los 15-18 meses y ten en cuenta que necesitarás un margen aproximado de 3 a 6 meses para su retirada. A mayor edad de inicio de la retirada más corto será el proceso.

Cosas que debemos hacer antes de intentar retirar el pañal

El ejemplo, viendo a su familia, y el juego libre y simbólico son la mejor manera de comenzar.

Comprad juntos un orinal que os guste a ambos y sea fácil para él y cómodo de limpiar.

Ponlo en el baño junto al váter que vayáis a usar el resto de la familia.

Jornadas de puertas abiertas, que él vea lo que hacéis; dejad que os ayude cortando el papel, tirando de la cadena, etc.

Jugad a que se siente, aunque sea vestido, que siente a sus muñecos y, aunque no haga nada, si se sienta, lo felicitáis.

Poco a poco iréis notando que muestra más interés y os puede manifestar que va a hacer pipí o caca en el pañal (comienza a tener control de esfínteres y a reconocer sensaciones). En ese caso invitadle a que lo haga en el orinal o fijad alguna hora para ponerlo sin pañal; por ejemplo, después de la comida o antes del baño. Deben ser horarios en el que esté tranquilo (recién levantado o antes de dormir no suele ser un buen momento) y que vosotros no tengáis prisa.

Explicadle que los nenes llevan calzoncillos y que las nenas braguitas y preguntadle si le gustaría probar. Id juntos a comprar la ropa interior y que elija la que más le guste.

Nunca le regañéis si ha tenido algún escape y reforzadle cuando lo haga bien.

Primero lo consiguen con el pipí, luego con la caca. Si siguen pidiendo el pañal para hacer caca, es mejor que se lo pongas, ya que, de lo contrario podrían, estreñirse.

¿Cuáles son las señales que nos indican que nuestro hijo está preparado para quitar el pañal?

La señal inequívoca de que un niño está preparado es que la mayoría de las veces que lo pongáis hará pipí en el orinal. Podéis empezar cuando avise de que está haciéndose pipi o caca, pero en este caso tardará algo más. Si seguís este proceso, muchos niños os dirán que ya no quieren pañal y que prefieren braguitas o calzoncillos.

Cuando un niño está preparado puede tener algún escape, pero serán muchos menos que si lo hacéis de un día para otro sin explicarle nada. Y lo más importante, todo será mucho más respetuoso tanto para vuestro bebé como para vosotros.

¿Cómo gestionar las rabietas?

Estos comportamientos siempre se ven como algo negativo, cuando en realidad no lo es, aunque no lo parezca tiene una parte positiva: es una etapa psicoevolutiva normal en el niño y es una excelente oportunidad para que los padres aumenten su propia tolerancia a la frustración. Si se vive desde esta perspectiva, todo es mucho más llevadero.

(Ver apartado «¿Cómo gestionar las rabietas desde la disciplina positiva?», en el capítulo «La necesidad de amor incondicional»).

Chupete
¿Por qué necesitan el chupete?

La lactancia materna cubre la necesidad de succión nutritiva (alimentación) y la succión no nutritiva (calmarse). En los niños alimentados con biberón la *necesidad de succión no nutritiva* la cubre el chupete, lo que les ayuda a *tranquilizarse y calmarse*. Por otro lado, el chupete ha demostrado reducir el riesgo de muerte súbita del lactante.

¿Cuándo y cómo retirar el chupete?
Entre los dos y los tres años

El chupete puede interferir en el desarrollo de los dientes, provocando una *mordida alterada* (malaoclusión) y si el niño usa mucho tiempo el chupete puede *interferir en el desarrollo del lenguaje*.

Cuando inicien las primeras palabras hay que empezar a reducir su uso y dejarlo para conciliar el sueño, mientras estén dormidos y para calmarse.

Es un proceso lento y progresivo, no hay que forzarlos y hay que darles alternativas. Cuando necesite calmarse dale abrazos y besos, prueba otras cosas antes de ofrecerle el chupete. Para dormir, poco a poco intenta leer un cuento o acariciarlo.

¿Qué es la costra láctea y cómo se trata?

Es una costra de color amarillento con piel roja alrededor que aparece en los bebés en el primer mes de vida. Puede aparecer en el cuero cabelludo (pelo) y en la cara.

Suele desaparecer entre el tercer y cuarto mes. En la mayoría de las ocasiones no hay que hacer nada y desaparece solo.

Biberón
¿Cuándo retirar el biberón?

El biberón comienza a retirarse *cuando se inicia la alimentación complementaria*, a los seis meses de edad, siendo un proceso lento y progresivo que debería finalizar entre los dos y los tres años.

A medida que hagan más tomas con otros tipos de alimentos diferentes a la leche, cada vez usarán menos el biberón.

¿Cómo retirar el biberón?

Es un proceso que puede durar varios meses.

Los padres tenemos que estar dispuestos y facilitar otra forma de ofrecer los alimentos, como los vasitos adaptados para los líquidos, la cuchara para los semisólidos y los sólidos con formas que ellos puedan agarrar solos. Al inicio, las tomas se alargarán hasta que se acostumbren a comer con cuchara, usar el vasito adaptado o sus propias manos.

¿Cómo preparar un biberón?

Ver capítulo «La necesidad de ser alimentado».

¿Es necesario esterilizar los componentes del biberón y chupetes?

Para los menores de tres meses no es necesario esterilizar en todos los usos.

A partir de los tres meses no tiene sentido esterilizar porque los niños se llevan todo a la boca. Por debajo de los tres meses la esterilización es considerada como una limpieza extra que es suficiente con realizarla una vez al día. Si se usa lavaplatos no es necesario esterilizar.

Lo más importante es una adecuada higiene de manos cuando manipulemos los biberones.

Para más información ver capítulo «La necesidad de ser alimentado».

¿Hay que usar agua embotellada para preparar los biberones?

No. Lo importante es cómo conservamos el agua que transportamos.

Si vamos a dar un biberón inmediatamente podemos utilizar el agua del grifo sin problemas. Nunca transportar ni recalentar biberones ya preparados (Ver apartado «Cómo preparar los biberones y conservarlos», en el capítulo «La necesidad de ser alimentado»).

¿Cuándo y cómo puedo empezar a ofrecer la comida en trozos?

A partir de los seis meses de vida.

Para que un niño pueda empezar a comer en trozos tiene que saber sentarse sin apoyos, para poder sentarlo en una trona y tener las manos libres para poder comer. Lo ideal es que él mismo se lleve los alimentos a la boca, por lo que deben tener un tamaño que el niño pueda agarrar.

Nunca forzar, hay niños que aceptan muy bien las texturas y a otros les cuesta más. (Para más información ver capítulo «La necesidad de ser alimentado»).

El sueño

¿Cuál es la edad recomendable para que duerma en una cama?

Hasta que el bebé ya no quepa en la cuna.

El pasarlo a la cama lo determina la talla del bebé, entre los dos y los tres años. La cuna es más segura que una cama, porque evita las caídas e impide que el niño cuando se despierte pueda salirse.

¿En qué postura tiene que dormir un bebé?

Boca arriba.

Hasta que a los 6-8 meses pueda darse la vuelta por sí solo y entonces será el bebé el que elegirá la postura que le resulte más cómoda para dormir. (Para más información ver capítulo «La necesidad de sueño del bebé»).

Celos entre hermanos
¿Qué son y por qué se producen?

Los *celos* entre hermanos se producen por un sentimiento real o por miedo a ser menos queridos, llegando a sentirse solos o abandonados. Es frecuente que los celos vayan acompañados de envidia hacia el hermano que crea que es más querido que él, provocando que tenga hacia ese hermano «más querido» conductas hostiles como: pegar, insultar, amenazar, no querer hacer cosas con él...

Se suelen producir ante el nacimiento de otro hermano o ante determinadas situaciones en las que uno de los hermanos se sienta menos atendido o querido.

¿Se pueden evitar?

No.

La rivalidad entre hermanos va a existir y es necesaria. Ayuda al niño a salir de su egocentrismo (normal hasta los seis años, les hace creer que todo tiene que ser para ellos y todo es suyo, también mamá y papá), le permite relacionarse en igualdad con otros niños y le enseña a manejar sus frustraciones.

¿Cómo gestionarlos?

No podemos evitarlos siempre, pero sí ayudar a nuestros hijos a que se sientan amados por igual y ayudarles a que puedan manejar sus sentimientos negativos sin reprimirlos y entendiendo lo que les pasa.

Hay que tratar de evitar conductas que les hagan sentirse diferentes, como compararlos, elogiar solo a uno de los hijos, atender a uno de los hermanos más que a otro para evitar conflictos, decir lo que hace mal todo el tiempo sin reconocer todo lo que sí hace bien...

Cuando nace un hijo, es necesario que los otros hermanos entiendan que los queremos a todos y que ahora hay que cuidar entre todos al nuevo bebé. Hay que hacerle partícipe de todo lo que tenga que ver con el nuevo bebé y que esté presente cuando necesite cuidado, como a la hora de bañarlo, darle de comer... si en esos momentos se siente desplazado dadle cariño y muestras de afecto.

Si son más mayores y los conflictos surgen entre los hijos, salvo que haya agresiones físicas, hay que dejar que resuelvan el problema con la mínima intervención de los padres e intentar no ponernos de parte de ninguno de los hijos. Hacer preguntas abiertas puede ser de gran ayuda: «¿Qué ha pasado?», «¿Cómo te sientes?», «¿Crees que podrías hacer algo más?»...

Deposiciones
¿Cuándo hace la primera deposición un recién nacido?

En el primer día de vida.

Si no realiza deposición en las primeras 24 horas de vida preguntad al personal del hospital si hizo deposición en el paritorio o si el líquido amniótico al salir era teñido, que son las razones más frecuentes para que no haga deposiciones el primer día de vida.

¿Qué es el meconio? ¿Cuánto tiempo tarda en eliminar el meconio?

El *meconio* son las primeras deposiciones del recién nacido. Son de color verde muy oscuro o negro y muy pegajosas. Son restos de líquido amniótico que ha tragado el bebé con restos de bilis, por eso es tan pegajoso y de un color tan oscuro.

Tardan en eliminar el meconio entre 24 y 72 horas, depende de la frecuencia de las deposiciones.

¿Cómo son las deposiciones normales en el bebé?

Una vez eliminado el meconio las deposiciones son amarillentas. La consistencia depende del tipo de lactancia. En la lactancia materna las deposiciones son pastosas-líquidas. En la lactancia artificial las deposiciones tienen más consistencia, pudiendo llegar a ser duras.

¿Con qué frecuencia hacen deposiciones? ¿Cuándo considerar que hay estreñimiento?

Los bebés con lactancia materna suelen hacer varias deposiciones al día, habitualmente una en cada toma. Cuando toman biberón, las deposiciones suelen ser más duras y menos frecuentes, una vez al día o incluso menos.

El estreñimiento hace referencia a heces duras y dolorosas, independientemente de la frecuencia.

Cuidados de la boca desde el nacimiento

Es esencial una adecuada higiene bucal desde el nacimiento, para prevenir la aparición de caries en niños menores de cinco años, es decir, en los dientes de leche.

¿Cómo limpiar la boca desde el nacimiento?

Desde que nace hasta que sale el primer diente

Desde que nace hay que limpiar la boca del bebé al menos dos veces al día, usando una gasita enrollada en el dedo y humedecida con un poco de agua, para arrastrar los restos de leche.

Desde que tiene el primer diente hasta que le aparece la primera muela

Si tu bebé ya tiene dientes es muy útil el uso de dedales de silicona. Estos dedales tienen por un lado un pequeño cepillo para los dientes y por otro una zona rugosa para la lengua y las encías. Se puede comprar en farmacias.

Cuando aparece la primera muela

Se debe usar pasta de dientes con flúor (1000 partes por millón) y cepillo de dientes. La cantidad de pasta dental es medio grano de arroz. No es necesario aclarar los dientes. Lo importante es dejar que el flúor actúe cuando se aplica sobre el esmalte dental.

¿La salida de los dientes pueden dar fiebre o diarrea?

No.

Puede ser molesto y que el bebé se muestre algo más irritable, aumente el babeo, la necesidad de morder, se le inflamen las encías o duerman peor.

Si tu bebé tiene diarrea o fiebre hay que pensar que está enfermo, no es achacable a los dientes.

¿Cuándo le van a salir los dientes a mi bebé?

La salida de los dientes es muy variable; en general, se inicia a los 6 meses de edad, pero puede ser normal mucho más tarde. La salida tardía de los dientes no significa que tu bebé tenga ninguna enfermedad.

¿Puedo ofrecerle alimentos en trocitos o con texturas antes de que le hayan salido los dientes?

Sí.

Los bebés desarrollan los movimientos de masticación entre los 4 y los 5 meses. Si no tienen dientes, la precaución es que sean alimentos blandos que se puedan «aplastar» con la lengua en el paladar. Lo que hice con mi hija era probar primero yo los alimentos sin usar los dientes, y si conseguía aplastarlo con la lengua en el paladar se lo daba a ella. Un ejemplo de estos alimentos pueden ser el aguacate, patata cocida, plátano maduro, manzana asada...

¿Qué cosas predisponen a que mi bebé pueda tener caries en los dientes de leche?

- Las caries dentales son producidas por bacterias y es una enfermedad infecciosa que se contagia. Limpiar la boca y los dientes es la mejor forma de prevenir las caries.

- Las caries se contagian y, por tanto, es importante que los padres tengamos una buena higiene dental y no tengamos caries sin tratar. El bebé debe tener sus propios cubiertos y evitar compartirlos para evitar contagios.

- Hay que evitar los cereales o zumos dados en el biberón por su alto contenido en azúcar, especialmente evitarlo por la noche. Si tu bebé usa ya la cuchara no le des los cereales en el biberón, y los zumos mejor en vasito; bueno, lo mejor es que no tome alimentos ricos en azúcares.

La lactancia materna protege de la aparición de caries dentales, pero es un alimento rico en lactosa, que es azúcar. Evitar las tomas continuas durante la noche (si el bebé se duerme durante la toma, separadlo del pecho).

Bibliografía

Asociación Española de Pediatría, 2009. *Manual de Puericultura de la Asociación Española de Pediatría.* Madrid(Madrid): Grupo Editorial ICM.

Fernández, A., Gamarra, Á., Izal, C. & Betelu, M. A., 2001. *La familia ante los celos infantiles: pautas y orientaciones,* Pamplona: s.n.

Guerrero-Fernández, J. y otros, 2017. *Manual de Diagnóstico y Terapéutica en Pediatría (Libro verde Hospital Infantil La Paz).* 6 ed. Madrid (Madrid): Editorial Médica Panamericana S.A..

Sociedad Española de Odontopediatría, 2017. *Odontología para bebés.* [En línea] Disponible en: http://www.odontologiapediatrica.com/odontologia_para_bebes1
[Último acceso: 26 diciembre 2017].

Zupan J, Garner P., Cuidado tópico del cordón umbilical en el nacimiento (Revisión Cochrane traducida). En: La Biblioteca Cochrane Plus, 2008 Número 4. Oxford: Update Software Ltd. Disponible en: http://www.update-software.com. (Traducida de The Cochrane Library, 2008 Issue 3. Chichester, UK: John Wiley & Sons, Ltd.).

CAPÍTULO VIII

Primeros auxilios y urgencias pediátricas

Los niños menores de tres años enferman con frecuencia porque tienen que fabricar sus defensas. Además, es una etapa en la que los pequeños son «grandes» exploradores, lo que provoca que los golpes y las heridas estén al orden del día. Es aconsejable saber qué hacer y qué no hacer ante diferentes situaciones, como la fiebre, los golpes en la cabeza, las heridas, las intoxicaciones o los atragantamientos. Con las últimas recomendaciones científicas y mi experiencia como madre.

CONTENIDO DEL CAPÍTULO

El arte de la medicina consiste
en entretener al paciente mientras
la Naturaleza cura la enfermedad.
Voltaire

Prevención de las lesiones no intencionadas (accidentes infantiles)

En la actualidad la OMS sugiere que el término correcto es *lesiones no intencionadas* porque la palabra accidente suele usarse para un acontecimiento fortuito y que no puede evitarse. Las lesiones no intencionadas no son provocadas, pero es necesario conocer cómo prevenirlas para evitar las lesiones graves en la medida de lo posible, porque son la segunda causa de muerte en los niños mayores de cinco años y una de las principales causas que produce algún tipo de secuela en esta edad.

La regla de oro para la prevención es *nunca dejes a los niños solos*.

Prevención de los atragantamientos

La aspiración de cuerpos extraños representa una de las principales causas de mortalidad en el hogar, y la causa más frecuente son los frutos secos. Es de todos conocido que durante los primeros años de vida los niños tienden a llevarse cualquier objeto a la boca. Hay que evitar que los *menores de 4 años* tengan a su alcance globos, frutos secos, aceitunas con hueso, monedas, botones o juguetes con piezas pequeñas o que no sean robustos y puedan romperse con facilidad. En general, cualquier objeto de pequeño tamaño.

Prevención de las caídas y precipitaciones

Son muy frecuentes y constituyen una de las principales causas de mortalidad por lesiones no intencionadas en niños menores de dos años. Hay lugares especialmente peligrosos que deben tener medidas de seguridad propias.

- *Las ventanas.* Hay que evitar tener muebles bajo las ventanas que les permita trepar y hay que utilizar sistemas de seguridad para evitar que las ventanas puedan ser abiertas por ellos.

- *Las escaleras.* Las caídas suelen ocurrir bajando las escaleras. Es recomendable colocar vallas de seguridad a la subida y a la bajada. Enseñarles a bajarlas (sentados) y a subirlas (a gatas) lo antes posible y escalón por escalón.

- *Los suelos resbaladizos.* Las caídas de mayor impacto suelen ser en la cocina y en el baño, porque los suelos cerámicos mojados o con grasa son muy resbaladizos y los niños pueden derrapar en caídas de gran impacto.

Prevención de las quemaduras

- *Quemaduras por líquidos calientes.* Son las quemaduras más frecuentes (60-80% en menores de 2 años). Es necesario que los mangos de sartenes y cazos no sobresalgan de los muebles de cocina para evitar que los niños, por curiosidad, los tiren. Evitar dejar cosas muy calientes en lugares donde el niño pueda alcanzarlas.

- *Quemaduras por comidas calientes.* Es frecuente, son la 5ª causa de secuelas por lesiones no intencionadas. Los alimentos que ofrezcamos a un niño deben estar templados. La comida muy caliente puede quemar a un niño en el transporte, al intentar dársela o comer solo (se puede verter la comida sobre el niño), o quemar el tubo digestivo tras ser ingeridas. Para intentar que no ocurra, evitar calentar las cosas en el microondas, porque el calentamiento puede ser irregular o el alimento estar muy caliente y sin embargo el recipiente continuar frío. Hay que probar siempre la comida de un niño antes de ofrecérsela.

- *Quemaduras eléctricas.* Puede provocar quemaduras importantes. La localización más frecuente es en los dedos (por intentar introducirlos en el enchufe) y en la boca, por chupar los cables. Las medidas preventivas más importantes son: proteger los enchufes (Ver Figura 1) y desenchufar los aparatos eléctricos cuando no se estén utilizando.

Figura 1. *Ejemplos de protectores de enchufe.* A la izquierda protector de enchufe fijo, para enchufar la clavija hay que poner las espigas arriba y abajo y girar 90 grados hacia la derecha mientras se hace fuerza hacia adentro; al sacar la clavija el protector vuelve a la posición original asegurando el enchufe. A la derecha protector de enchufe extraíble, para enchufar la clavija se saca el protector y al desenchufar hay que volver a colocar el protector para asegurar el enchufe.

- *Quemaduras por inmersión.* Debido a que el agua del baño esté muy caliente, se pueden provocar quemaduras importantes y muy extensas. Para evitarlo, hay que recordar que el baño de un bebé nunca debe hacerse con agua caliente y, antes de meter al bebé, hay que probar el agua sumergiendo el codo (da una sensación térmica más real que las manos).

Prevención de las intoxicaciones

Es la quinta causa de muerte por lesiones no intencionadas. Es más frecuente en menores de dos años y generalmente ocurren en casa. De ahí la importancia de intentar prevenirlas.

¿Qué productos son tóxicos?

- *Los medicamentos.* Es la principal causa de intoxicación en esta edad. Hay que evitar tomar medicamentos delante de los niños y explicarles que son peligrosos. Si se cambia de cuidador, es necesario dejar por escrito la dosis y, el horario de las siguientes tomas, anotando las tomas que ya se han administrado.

- *Los productos de limpieza.* En general, todos son tóxicos, hay que tener especial cuidado con aquellos que tienen un envase o colorido llamativo, como las pastillas del lavavajillas, porque llaman la atención de los más pequeños. Nunca hay que rellenar envases destinados a bebidas o alimentos, como una botella de agua, con productos de limpieza.

- *Las bebidas alcohólicas.* Es algo que se olvida y el bar de casa suele estar «a su alcance».

- *Las plantas.* Muchos padres desconocen que algunas plantas son tóxicas, como la flor de pascua, los potos o las hortensias. El mensaje es no dejarlas al alcance de los niños y que no las coman o las toquen.

- *Los cosméticos en general no son tóxicos.* Gel de baño, champú, cremas para el cuerpo o la cara, pinturas para la cara, barras de labios...

¿Qué significa «fuera del alcance de los niños»?

«Fuera del alcance de los niños» significa que sea técnicamente imposible que los niños puedan acceder a ellas.

Un lugar frecuente de almacenaje de los productos de limpieza es debajo del fregadero y, evidentemente, no es seguro. Los productos de limpieza deben estar en un lugar en el que habitualmente no estén los niños solos, como en una terraza o lavadero, en altura y en un mueble con un sistema de seguridad para su apertura.

Para los medicamentos, igualmente hay que buscar un sitio propio de almacenaje y tiene que estar a una altura que no puedan alcanzar.

Golpe en la boca con sangrado

Los golpes en los dientes o traumatismos dentales son muy aparatosos y suelen sangrar mucho, no tiene relación la cantidad de sangre con la gravedad del golpe.

Son frecuentes en los niños, porque suelen caerse sin apoyar las manos y se golpean en la boca. Los dientes que más se afectan en las caídas son los incisivos centrales o paletas.

¿Qué hacer si tu hijo se ha dado un golpe en la boca?

- Lavar muy bien la zona con agua para valorar realmente lo que ha pasado.

- Hay que ver si hay algún diente roto o se mueve.

- Revisar si hay alguna herida en el labio o en la lengua. Si hay una herida grande o sangra mucho, puede necesitar puntos.

- Si el niño solo tiene el golpe en el diente y no hay nada más, no lo lleves al pediatra, sino al dentista infantil u odontopediatra, para que pueda valorar los dientes afectados y tratarlos de forma adecuada, los pediatras no estamos capacitados para tratar los dientes.

- Es recomendable que tras un golpe en la boca se haga una revisión con el odontopediatra, aunque haya sido leve y aparentemente no haya ninguna lesión.

- Independientemente de la lesión, es necesario mantener una higiene de la boca adecuada, cepillando los dientes tras cada comida con un cepillo suave y con enjuagues con clorhexidina al 0,1% especial para mucosas. Es necesario dar la comida triturada al menos durante 15 días para evitar que tenga que morder.

¿Qué hacer si se ha golpeado un diente?

- Un diente se mueve pero no está desplazado, se denomina *subluxación*. Realizar una higiene adecuada de la boca y reevaluar en dos o tres semanas por el odontopediatra.

- Un diente se mueve y además está desplazado de su posición, es lo que se llama una *luxación* y es necesario que sea visto lo antes posible por si precisa ser fijado.

- Un diente que se ha roto es una *fractura*. En este caso, si tenemos el fragmento, es necesario realizar el trasporte del trozo de diente en un medio adecuado (leche desnatada o suero fisiológico). Revisión por el odontopediatra lo antes posible; es una urgencia, cuanto antes se trate, mejor.

- El diente se ha caído, es una *avulsión*. Los dientes de leche no se reimplantan, porque, si se hace puede afectar al germen del diente definitivo, que está en la encía, pero es importante buscarlo, para estar seguro de que se ha caído y no se ha quedado metido en la encía. Si no tenemos el diente, siempre hay que realizar una radiografía para comprobar que no esté dentro.

- Se ha quedado el diente dentro de la encía o *intrusión*. En este caso hay que hacer una radiografía para comprobar que el diente está dentro de la encía.

¿Qué no hacer?

- Transportar el diente en la boca del padre o del niño. Aumenta el riesgo de ingestión o aspiración del diente. Hay medios más seguros como la leche o el suero fisiológico.

- Retrasar la visita al odontopediatra. Una visita precoz puede salvar el diente. Es más importante ir al odontopediatra que al pediatra.

Golpes en la cabeza

Un golpe en la cabeza o, como lo llamamos en el lenguaje médico, traumatismo craneoencefálico (TCE), es muy frecuente en el niño, más en los menores de tres años, y en la mayoría de las ocasiones son leves y se pueden tratar en casa.

Síntomas tras un golpe en la cabeza

- *Llanto*: puede ser inmediato al golpe o, si ha sido muy intenso, puede quedarse algo «aturdido» durante unos segundos y llorar segundos más tarde.

- *Vómitos*: una o varias veces inmediatas al traumatismo, es más frecuente si el niño ha llorado con mucha intensidad. Si esto ocurre lo mejor es dejarlo una hora sin dar nada e intentar ofrecer líquido en pequeñas cantidades trascurrido ese tiempo. Los vómitos preocupantes son los que persisten.
- *Dolor de cabeza*: puede administrarse ibuprofeno o paracetamol en las dosis habituales.
- *No recordar lo ocurrido.*
- Puede salir un «*chichón*» y el tamaño de este no se relaciona con mayor gravedad del TCE.

¿Qué debemos hacer?

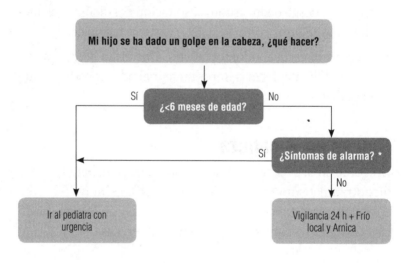

* Convulsión, pérdida de conocimiento, vómitos persistentes, somnolencia, dificultad para andar, líquido claro por la nariz, sangrado por el oído.

- Observar al niño en un ambiente tranquilo durante 24 horas, si el golpe ha sido importante.

- Tras las 24 horas de vigilancia puede hacer una vida normal.
- Poner frío local con hielo protegido con un paño en la zona del chichón.
- La árnica es útil para traumatismos pequeños en la cabeza cuando no tengamos posibilidad de usar frío local; se aplica sobre la piel. Se puede utilizar si no hay heridas.
- Si tiene dolor de cabeza, se pueden dar analgésicos (ibuprofeno o paracetamol según peso).
- Si llega la hora de dormir, hay que dejar que duerma y despertarlo cada hora.

Un truco para poner frío local: meter guisantes congelados en una bolsa, porque se adaptan muy bien a la superficie sobre la que queremos aplicar el frío, no sueltan agua y podemos congelar y descongelar todas las veces que se necesite. Muy importante, rotular la bolsa de forma adecuada para no confundir con alimentos congelados que podamos ingerir.

¿Cuándo debemos acudir a urgencias?

- Menor de 6 meses, porque la vigilancia en casa es difícil al tener la fontanela abierta (parte anterior de la cabeza). Pueden tener lesiones y dar síntomas muy tarde.
- Convulsión o pérdida de conocimiento tras el golpe.
- Vomita frecuentemente.
- Dolor de cabeza intenso o progresivo.
- Presencia de confusión (que no sepa dónde está), somnoliento (que se quede dormido incluso cuando estamos intentando comunicarnos con él), irritable o cuesta mucho despertarlo.

- Movimientos anormales, debilidad u hormigueo de extremidades, tiene dificultad para caminar o para hablar, ve mal o tiene las pupilas de diferente tamaño.
- Sale líquido claro por la nariz o sangre por el oído.
- En general, cualquier síntoma que resulte extraño o preocupante.

¿Cuál es el riesgo de un traumatismo en la cabeza?

No sucede con frecuencia, pero un golpe en la cabeza, cuando es grave, puede ocasionar una *hemorragia dentro de la cabeza*, en el cerebro. Esta hemorragia no tiene por qué aparecer inmediatamente tras el golpe sino en algún momento dentro de las primeras 24 horas. Cuando ocurre dicha hemorragia, los niños están «raros», pueden responder de forma muy lenta a lo que les preguntemos, aunque queramos despertarlos no podemos, o que tengan dificultad para caminar o hablar. Por tanto, lo importante es vigilar, porque si el niño no está «raro», en el hospital lo único que se va a hacer es realizar una supervisión estrecha para ver si aparecen los síntomas de alarma. Hacer una prueba antes de tiempo (TAC craneal) no nos aporta nada, será normal y no descartará que en las próximas horas pueda ocurrir algo, *de ahí la importancia de vigilar al niño 24 horas*.

Si un niño se ha dado un golpe grande en la cabeza y no tiene síntomas de alarma lo más importante es vigilar durante 24 horas en casa.

Quemaduras
¿Qué son las quemaduras?

Las quemaduras son las lesiones que se producen en la piel o mucosas (por ejemplo, la boca) por efecto del calor. Se pueden producir por líquidos calientes, objetos incandescentes, fuego, electricidad, productos químicos o solares.

Tipos de quemaduras

- *Quemaduras de primer grado.* La piel se enrojece y duele. Son las más superficiales. Las quemaduras solares son un ejemplo.
- *Quemaduras de segundo grado.* Aparecen ampollas con líquido en su interior y son dolorosas.
- *Quemaduras de tercer grado.* La piel se pone negra o tienen el aspecto de una herida. Afectan a todas las capas de la piel y son las más profundas. No duelen, pero son las más peligrosas, porque pueden infectarse.

¿Qué hacer ante una quemadura?

- Retirar al niño de la fuente de calor, para evitar que continúe quemándose.
  - Si hay llama, cubrir con una manta o decirle que ruede por el suelo.
  - Si es una sustancia química o líquido caliente, alejarlo y lavar de forma inmediata.
  - Si es por electricidad, no tocar al niño directamente porque el ser humano es conductor de la electricidad. Utilizar objetos no conductores como la madera o cortar la electricidad de casa.
- Enfriar la zona con agua fría durante 15-20 minutos. En caso de sustancias químicas o líquidos calientes que hayan sido vertidos, duchar al niño.

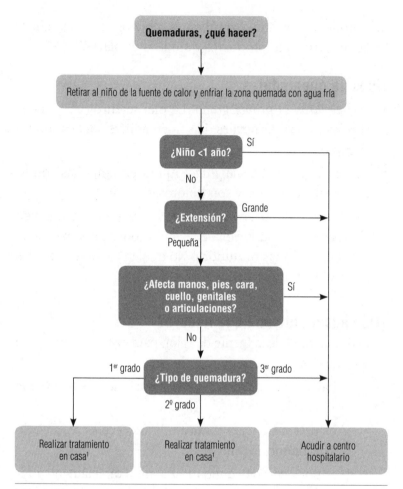

¹ No usar pomadas y vigilar que no se infecte.

- Síntomas de alarma por los que debemos acudir a urgencias:
  - Edad menor de un año. Pequeñas quemaduras o aparentemente más leves pueden ser graves para ellos.
  - Extensión. Las quemaduras que son grandes, independientemente de la localización o el tipo, deben ser revisadas.

[298]

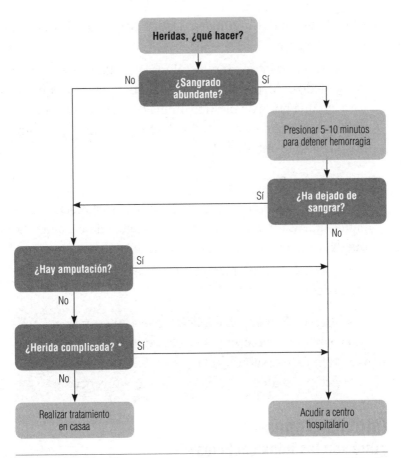

*Herida complicada es una herida grande o profunda que pueda requerir puntos o con signos de infección.

¿Cuándo acudir a urgencias?

- *Infección de la herida*. Aumenta el dolor, se pone roja y caliente e incluso llega a supurar.
- *Sangrado abundante*. En este caso lo importante no es desinfectar o lavar sino cortar la hemorragia con gasas o un paño limpio y presionar sobre la herida.

- *Heridas profundas o grandes.* Deben ser valoradas por si precisan sutura.

- *En caso de amputación* (en los niños suele darse en la yema de los dedos). Meter la zona desprendida protegida con una gasa, en una bolsa de plástico limpia con hielo (para que no entre en contacto directo con el hielo) y acudir a un centro hospitalario lo antes posible.

¿Qué no hacer?

- *Usar agua oxigenada.* La piel tiene una sustancia que se llama catalasa y convierte el agua oxigenada en agua. Se puede usar, pero es igual que si se utilizase agua corriente.

- *Usar alcohol.* Porque pica mucho y se absorbe, pudiendo ser tóxico.

La mayoría de las heridas pueden tratarse en casa: lavar con agua y jabón y desinfectar con clorhexidina. En caso de heridas con sangrado abundante, profundas, de gran tamaño, amputación o signos de infección: acudir a urgencias.

Intoxicaciones
¿Qué son las intoxicaciones?

Las *intoxicaciones* se producen cuando una sustancia, en cantidad suficiente para provocar daño, entra en contacto con el cuerpo por contacto con la piel, al tubo digestivo tras ingerirlo o a los pulmones por inhalación.

Hay cuatro factores que son fundamentales:

- Nombre del producto.

- Cantidad de producto. Hay sustancias altamente tóxicas, como los productos del lavaplatos, que con pequeñas cantidades son capaces de provocar grandes lesiones. Hay otras, como los medicamentos, cuya toxicidad depende de la dosis ingerida.

- Peso de la persona que se intoxica. Está relacionado con el punto anterior. La misma cantidad de sustancia tóxica no provoca el mismo daño en un niño de 10 kg que en un adulto de 70 kg.

- Tiempo transcurrido desde la intoxicación. El tratamiento es diferente según el tiempo que ha pasado desde la intoxicación hasta que comience la atención médica.

En el momento en que sospechamos que un niño ha podido tener contacto con una sustancia tóxica hay que actuar de inmediato y no esperar a que el niño comience a estar mal. Hay que *alejar al niño de la sustancia tóxica y llamar a toxicología al 91 562 04 20.*

¿Qué hacer ante una sospecha de intoxicación?

- *Hay que actuar ante cualquier sospecha* de intoxicación porque puede ser muy grave. Si pensamos que ha habido contacto, que ha podido respirar o ha tragado un producto que pueda ser tóxico, siempre hay que actuar.

- *Alejar al niño del producto.* En el momento en que sospechamos una intoxicación, antes de llamar a toxicología, tenemos que evitar que esa intoxicación continúe.

  - Alejar al niño del producto tóxico y ponerlo en un lugar seguro.

  - Si ha sido por contacto desnudarlo y ducharlo con abundante agua; muy importante lavar los ojos.

[303]

- Si ha sido por ingestión, abrir la boca; si ha sido un elemento sólido, retirarlo. Observar si hay heridas.

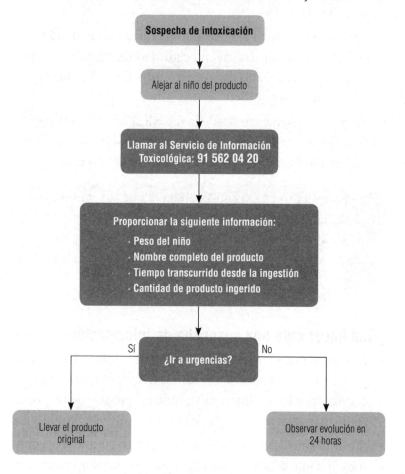

- Llamar al Servicio de Información Toxicológica 91 562 04 20 y seguir las indicaciones. Al llamar, nos preguntarán por:
  - Nombre exacto del producto: debemos tener el producto en la mano cuando llamemos a toxicología para poder contestar a las preguntas que nos realicen.

- Peso del niño.
- Tiempo transcurrido desde el contacto accidental.
- Cantidad aproximada del producto. Esta es quizás la parte más difícil. Por ello es muy importante controlar los productos tóxicos y conocer aproximadamente la cantidad que nos queda. *La recomendación, es tener en casa la mínima cantidad de sustancias potencialmente tóxicas desechar los medicamentos que no utilizamos y limitar los productos de limpieza.*
- Ir a urgencias con el envase original, salvo que toxicología nos indique que podemos realizar la observación en casa, porque sea un producto no tóxico o con bajo riesgo de serlo.
- Tras una intoxicación se debe observar al niño en las 24 horas siguientes, aunque el producto no sea potencialmente tóxico.

El número de toxicología siempre lo debemos tener a mano. Yo lo tengo en la memoria del teléfono móvil y del teléfono fijo de casa. También está anotado en una lista de teléfonos importantes que tenemos en la puerta de la nevera de casa. Te aconsejo que hagas lo mismo.

¿Qué no hacer?

- Provocar el vómito. Si una sustancia es corrosiva provocaremos una doble quemadura, cuando sea ingerida y al vomitar.
- Dar agua, leche o cualquier bebida o comida. Si una sustancia tóxica tiene la capacidad de formar espuma (espumantes), al entrar en contacto con un líquido aumenta su volumen y podemos provocar la asfixia del niño.

- No actuar de forma inmediata. Transcurrido un tiempo hay tratamientos como el lavado gástrico que no pueden realizarse porque el tóxico ya se ha absorbido.

Fiebre
¿Qué es la fiebre?

La fiebre es una *temperatura corporal mayor de 38 °C* en la axila o 38,5 °C rectal (en el ano).

No existe fiebre por debajo de 38 °C. No existen personas «de temperatura baja», lo que ocurre es que hay personas que se empiezan a encontrar mal con una temperatura corporal de 37-38 °C.

La fiebre no es una enfermedad. Es la forma que tiene nuestro organismo de decirnos que está luchando contra una infección y que ha activado las defensas.

¿Qué termómetro usar?

Los termómetros más fiables son los de galio y los digitales de axila.

- El *termómetro de galio* nos indicará la temperatura exacta (si lo ponemos varias veces siempre marcará la misma temperatura), pero necesitamos que esté puesto al menos cinco minutos. En niños pequeños es complicado de usar, porque no se están quietos tanto tiempo.
- El *termómetro digital* de axila nos dice la temperatura de una forma aproximada. Cada vez que lo usemos marcará una temperatura distinta (con escasa variación, no es tan exacto como el de galio). Tiene la ventaja de que en pocos segundos obtenemos la temperatura.

¿Cómo tomar la temperatura?

En los *bebés pequeños* hay que desnudarlos, porque pueden tener fiebre por estar excesivamente abrigados. El mejor lugar para tomar la temperatura hasta que se dejan es la rectal (en el ano).

En los niños mayores de un año la temperatura se puede tomar en la axila.

¿Qué hacer si mi hijo tiene fiebre?

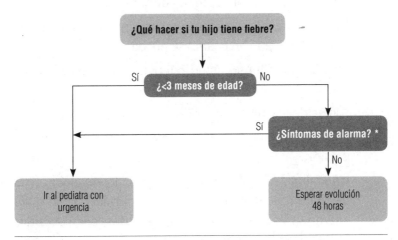

* Petequias, decaimiento sin fiebre, imposibilidad de dar líquidos.

- Lo importante es vigilar la aparición de síntomas de alarma, que esté vigilado en un ambiente tranquilo y dar abundante líquido.
- Si no aparecen síntomas de alarma, hay que esperar al menos 24-48 horas para que la causa de la fiebre dé síntomas, lo que el pediatra llama «foco». Si vais antes, solo os podemos decir que por ahora no es grave y que volváis en 48 horas.

- Hay que tratarla usando antitérmicos cuando el niño se encuentre mal. Aunque se trate la fiebre puede que los antitérmicos disminuyan escasa décimas la fiebre y no es síntoma de gravedad (Ver apartado «Botiquín de primeros auxilios» de este capítulo).
- Edad:
  - Menores de 1 mes de vida: no dar antitérmicos e ir al hospital. Se comportan como si fueran inmunodeprimidos y la causa de la fiebre puede ser grave.
  - Entre 1 mes y 3 meses: puede darse antitérmico pero hay que ir al pediatra en cuanto se pueda.
  - Mayores de 3 meses: acudir al pediatra si existen síntomas de alarma.
- Síntomas de alarma:
  - Petequias: lesiones en la piel que no desaparecen tras la presión.
  - Irritabilidad o notar al niño adormilado sin fiebre (tras dar antitérmico). En el pico febril es normal que no quieran moverse, pero si la fiebre ha bajado y siguen decaídos o irritables hay que explorarlos.
  - Quejido (ruido rítmico y fuerte).
  - Imposibilidad de dar líquidos. Ante la fiebre, los niños no quieren comer, hay que aprovechar cuando baja la fiebre para ofrecer comida y agua. Si hay rechazo total de líquidos más de 8-12 horas hay que explorarlo por el riesgo de deshidratación.
- Fiebre por encima de 39 °C más de 5 días.

Si tiene fiebre elevada más de cinco días, aunque el niño no tenga síntomas de alarma, tiene que ser visto por un pediatra.

En niños mayores de tres meses sin síntomas de alarma la fiebre puede ser tratada en casa y es recomendable esperar 48 horas para ser revisado por el pediatra.

¿Qué no hacer si mi hijo tiene fiebre?

- Alternar antitérmicos. Es mejor dar siempre el mismo porque potencia su efecto y, por otro lado, disminuye el riesgo de equivocarse de dosis.

- Baños o paños fríos con agua o con alcohol. Puede bajar la temperatura corporal bruscamente y desencadenar una convulsión febril. Además, si se usa alcohol, este puede absorberse a través de la piel.

- En mayores de 3 meses ir al pediatra antes de las 24 horas con fiebre si no hay síntomas de alarma.

- Llevar al colegio o guardería. Los niños que están enfermos deben quedarse en casa para descansar y ser vigilados. Por otro lado, es importante que no contagie a otros para evitar la propagación de la enfermedad.

- Obligar a comer. Lo importante es que estén bien hidratados ofreciendo abundante líquido: agua o suero oral.

Convulsión febril

Es una situación muy desagradable para los padres porque da la sensación de que el niño está muy grave y que le falta el aire, porque suelen ponerse de color azulado. Sin embargo, las convulsiones febriles no son graves, no dejan secuelas, la vida del niño no corre peligro y no predisponen a tener epilepsia. Aunque sí pueden repetirse cuando el niño vuelva a tener fiebre.

¿Qué es una convulsión febril?

Es una respuesta del cerebro ante la fiebre que se produce en algunos niños sanos entre los 6 meses y los 5 años, suelen ocurrir el primer día de fiebre.

El niño pierde bruscamente la conciencia y pueden ocurrir dos cosas: *1)* que el cuerpo se ponga rígido y comience con sacudidas o *2)* quedarse completamente flácido. También es frecuente que la boca esté morada y la mirada perdida. Suele durar escasos minutos, generalmente menos de 5. Después de la convulsión, el niño tiende a dormirse y está desubicado.

¿Por qué se producen?

- Se desconoce la causa.

- Predisposición genética. Si alguno de los padres o algún hermano ha tenido convulsiones febriles, es más frecuente que ese niño las padezca.

- El principal desencadenante lo constituyen los cambios bruscos en la temperatura corporal. La bajada muy rápida de la fiebre puede provocar una convulsión febril. Por ello, se desaconseja los baños fríos en la fiebre. La subida brusca de temperatura también puede desencadenarlas.

- Cualquier infección que produzca fiebre puede desencadenarlas, incluso un catarro.

¿Qué hacer?

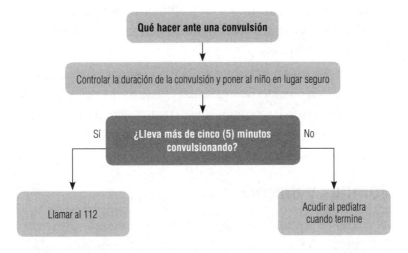

- Controlar el tiempo de duración con un reloj. Al ser una situación tan desagradable, es difícil, pero para el pediatra es una información importante.
- Poner al niño en un lugar seguro. Lo mejor es el suelo alejado de los muebles para que no pueda golpearse.
- Una vez que haya finalizado poner al niño de lado. Durante la convulsión debido a la contracción muscular que se produce es muy difícil mover al niño, al finalizar se quedan sin tono «como si fueran de trapo», hay que ponerlos de lado por si vomitan.
- Acudir al pediatra para confirmar que ha sido una convulsión febril.

En las convulsiones febriles hay que poner al niño en el suelo, alejado de cualquier cosa con la que pueda golpearse, y esperar a que cedan. Al terminar, colocar al niño de lado.

¿Qué no hacer?

- Impedir que ocurran. Es imposible, no los podemos sujetar y lo único que podemos conseguir es dañar al niño o a nosotros mismos.
- Meter objetos en la boca para que no se muerdan la lengua. Debido a la contracción muscular puede romper el objeto que introduzcamos y aspirarlo. No se tragan la lengua, es un mito.
- Realizar maniobras de RCP. Aunque se pongan morados el niño respira y le late el corazón.

Vómitos y diarrea

Lo más importante cuando un niño tiene vómitos, diarrea o ambas cosas *es evitar que se deshidraten*. Es normal que no quieran comer porque el reposo del tubo digestivo hace que mejoren. Pueden tener fiebre y la duración puede ser variable, desde escasas horas a varios días. En los bebés que se alimentan exclusivamente de leche, el líquido a administrar puede ser sustituido por lactancia materna o su leche habitual sin diluir.

Vómitos

¿Qué son los vómitos?

Es la salida del contenido del estómago de una forma violenta. Por tanto, un vómito puede contener restos de alimentos (en el caso de los niños más pequeños pueden ser restos de alimentos de mayor tamaño porque mastican poco la comida); de líquido transparente, mucosidad e incluso en vómitos frecuentes que no da tiempo a beber o a comer pueden ser verdosos (restos de bilis).

En el niño, las causas de los vómitos son variadas y el tratamiento específico dependerá de la causa que lo provoca.

¿Qué hacer cuando mi hijo vomita?

* Síntomas de alarma: <3 meses ha vomitado dos o más tomas, vómito con sangre, color verdoso en varias ocasiones. Dolor importante de cabeza o barriga, llora mucho. está adormilado, decaído, tiene mucha sed, los ojos hundidos, llora sin lágrimas u orina poco (esto indica que puede estar empezando a deshidratarse).

- Si no hay diarrea, el riesgo de deshidratación es menor y lo que realmente mejora es *dejar al tubo digestivo descansar* y no dar nada.

- Los líquidos que administremos deben ser azucarados, siendo lo ideal el suero oral hiposódico. Si es imposible administrar suero oral, podemos sustituirlo por una bebida azucarada como zumos o bebida de cola batida sin cafeína. Es importante el azúcar porque cuando hay poca glucosa en sangre el cuerpo forma una sustancia llamada acetona que aumenta los vómitos, por ello no es recomendable dar agua.

- Síntomas de alarma:
  - Si el niño es menor de 3 meses y ha vomitado dos o más tomas.
  - Si los vómitos son verdosos en varias ocasiones o contienen sangre.
  - Si presenta los siguientes síntomas: está adormilado, decaído, tiene mucha sed, los ojos hundidos, llora sin lágrimas u orina poco (esto indica que puede estar empezando a deshidratarse)
  - Si le duele mucho la cabeza, la barriga o llora mucho.

¿Qué no hacer?

- *Obligar a comer*. Nunca debemos obligar a un niño a comer. Si está con vómitos el ayuno y dejar que el tubo digestivo descanse es el mejor tratamiento. Si el niño tiene hambre y ya ha tolerado los líquidos se le pueden ofrecer alimentos fáciles de digerir y en pequeña cantidad. Es frecuente que, aunque tengan hambre, al tomar algo de alimento se sacien pronto; que coma solo la cantidad que le apetezca.
- *Despertar al niño si se queda dormido*. Cuando estamos enfermos, tenemos más sueño. En el caso de los vómitos, al ser *el reposo del tubo digestivo el mejor tratamiento*, si no hay signos de deshidratación no hay razón para obligarles a beber.
- *Administrar medicamentos para cortar los vómitos*.

Diarrea

¿Qué es la diarrea?

Heces blandas o líquidas y con un olor muy fuerte. Hay un aumento del número de deposiciones.

Es frecuente que sean de un color diferente a las habituales, pudiendo ser más verdosas o amarillentas. Pueden contener moco.

¿Qué hacer?

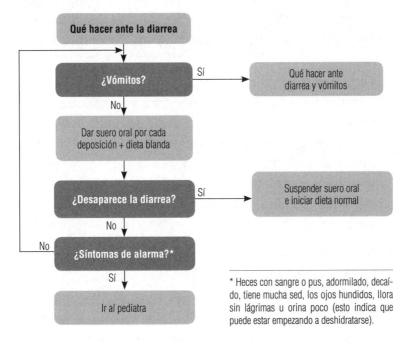

* Heces con sangre o pus, adormilado, decaído, tiene mucha sed, los ojos hundidos, llora sin lágrimas u orina poco (esto indica que puede estar empezando a deshidratarse).

- Hidratar dando suero oral hiposódico. En la diarrea se pierde mucho más líquido que en los vómitos y el riesgo de deshidratación es elevado.

El suero oral hiposódico es un preparado que se vende en la farmacia y aporta exactamente la proporción de agua y sales que perdemos cuando hay diarrea. No debe ser sustituida por otro líquido que no contenga la proporción adecuada porque podemos favorecer la deshidratación. El agua o las bebidas azucaradas no contienen sales. Las bebidas para la rehidratación tras la práctica deportiva tienen muchas sales minerales y favorecen la deshidratación.

La cantidad de suero oral hiposódico que debe beber un niño por cada deposición abundante es 10 ml por los kg que pese el niño. Por ejemplo, un niño de 10 kg, debe tomar 100 ml de suero por cada deposición abundante.

- Dieta blanda sin forzar significa que sea su dieta habitual con alimentos bajos en fibra, en grasa y en azúcares, pero tienen que ser apetecibles (no es el día de comer kiwi, hamburguesas, pizza, caramelos o chucherías...). Los alimentos que se toleran bien son los cereales (arroz, trigo), patata, pan, carne magra, pescado, yogur, fruta y verdura con bajo contenido en fibra (zanahoria, calabacín, plátano, manzana, entre otras).

- Síntomas de alarma:
  - Heces con sangre o pus.
  - Si presenta los siguientes síntomas: está adormilado, decaído, tiene mucha sed, los ojos hundidos, llora sin lágrimas u orina poco (esto indica que puede estar empezando a deshidratarse).

¿Qué no hacer?
- Ofrecer líquidos diferentes al suero oral hiposódico.
- Dejarlos en ayuno. Si tienen hambre pueden comer sin forzar.

- Los biberones de leche hay que hacerlos con el número de cacitos habitual, sin diluirlos más.
- Administrar medicamentos para cortar la diarrea.

Vómitos y diarrea (gastroenteritis aguda)

El problema cuando existen vómitos y diarrea es que el riesgo de deshidratación es mayor y es difícil aportar la cantidad de líquido que necesitan al tener diarrea porque lo vomitan. Hay que dar suero oral hiposódico para evitar la deshidratación y aumentar la cantidad de líquido progresivamente en función de los vómitos.

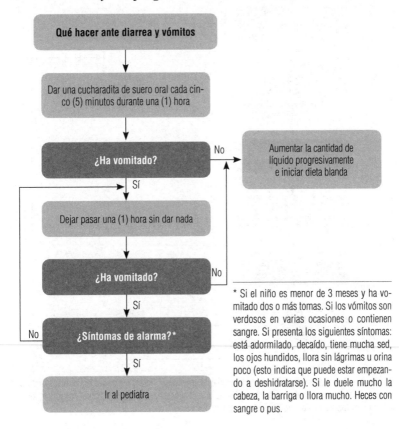

Qué hacer ante diarrea y vómitos

Dar una cucharadita de suero oral cada cinco (5) minutos durante una (1) hora

¿Ha vomitado? — No → Aumentar la cantidad de líquido progresivamente e iniciar dieta blanda

Sí

Dejar pasar una (1) hora sin dar nada

¿Ha vomitado? — No

Sí

¿Síntomas de alarma?* — No

Sí

Ir al pediatra

* Si el niño es menor de 3 meses y ha vomitado dos o más tomas. Si los vómitos son verdosos en varias ocasiones o contienen sangre. Si presenta los siguientes síntomas: está adormilado, decaído, tiene mucha sed, los ojos hundidos, llora sin lágrimas u orina poco (esto indica que puede estar empezando a deshidratarse). Si le duele mucho la cabeza, la barriga o llora mucho. Heces con sangre o pus.

Atragantamiento

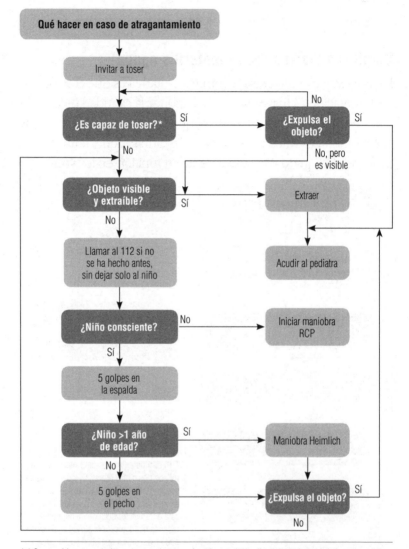

** Se considera que el niño es capaz de toser si está consciente, llora o puede hablar, tiene tos ruidosa y es capaz de coger aire antes de la tos. Si el niño está consciente pero no puede hablar ni respirar, tiene tos débil o ausente y coloración azul, se considera que no es capaz de toser.

¿Qué es el atragantamiento?

Es la obstrucción de las vías respiratorias por objetos o alimentos que son sólidos, impidiendo el paso del aire, llegando a provocar la asfixia. Con líquidos, si se actúa, el riesgo de asfixia es menor.

Hay que sospechar un atragantamiento en las siguientes situaciones:

- Antecedente de estar comiendo o jugando con pequeños objetos inmediatamente antes de empezar a encontrarse mal.
- Si el inicio de los síntomas fue muy brusco.
- Si el niño no estaba previamente enfermo.
- Si el atragantamiento es presenciado.

¿Qué hacer?

- Si el niño es capaz de toser no es necesario hacer ninguna maniobra. Hay que animar al niño a que tosa y continuar vigilando su estado.
- Si la tos del niño está dejando de ser efectiva, gritar para pedir ayuda inmediatamente, si estamos solos llamar al 112 sin abandonar al niño en ningún momento y valorar su estado de consciencia.
- Si está inconsciente empezar maniobras de Reanimación Cardiorrespiratoria (RCP).
- Si no es capaz de toser y está consciente:

  - En menores de 1 año
    - La persona que va a hacer la maniobra (reanimador), coloca al niño boca abajo a lo largo de su antebrazo. La mano del reanimador sujeta la cabeza del niño para inmovilizar el cuello (Ver Figura 2. Cómo sujetar al bebé e inmovilizar la cabeza), que se encuentra inclinada

hacia abajo. En esta posición, con la mano libre el reanimador realiza los cinco golpes entre las escápulas del niño. (Ver Figura 3. Cómo dar los golpes en la espalda en un niño menor de un año).

Figura 2. *Cómo sujetar al bebé e inmovilizar la cabeza.* Deslizamos nuestro antebrazo por el cuerpo del bebé y con la mano del reanimador en forma de «C» sujetamos la cabeza del bebé.

Figura 3. *Cómo dar los golpes en la espalda en un niño menor de un año.* Con un brazo sujetamos e inmovilizamos la cabeza del bebé. Con el talón de la mano contraria damos cinco golpes secos entre ambas escápulas o paletillas.

- Posteriormente ha de girarse al niño y colocarlo boca arriba sobre el otro antebrazo manteniendo la cabeza más baja, para realizar los cinco golpes en el pecho. Éstos se realizan en el punto en que se aplican las compresiones en el caso de la reanimación cardiaca, esto es, un dedo por debajo de la línea que une ambas mamas. Los golpes en el pecho se realizan con dos dedos, tienen que ser bruscos y dirigidos hacia delante y hacia abajo. (Ver Figura 4. Golpes en el pecho en niño menor de un año).

Figura 4. *Golpes en el pecho en el niño menor de un año.*

- En mayores de un año.

  - La persona que va a realizar la maniobra coloca una mano en el pecho del niño y lo inclina hacia delante, de forma que si el objeto sale pueda desplazarse hacia la boca por gravedad. En esta posición, el reanimador ha de dar cinco golpes fuertes con el talón de su otra mano (no con los dedos) entre las escápulas (omóplatos) del niño.

  - Si los golpes en la espalda no logran resolver la obstrucción hay que realizar cinco compresiones en el abdomen. Para ello, ha de colocarse tras el niño. Si el niño es mayor, podrás colocarte de pie tras él. Si es pequeño puede que necesites arrodillarte para realizar mejor la maniobra. La maniobra consiste, como se observa en la Figura 5, en pasar los brazos tras las axilas del niño para rodearlo, colocar un puño en la «boca del estómago» (entre el ombligo y la parte baja del esternón), sujetarlo con la otra mano y realizar cinco compresiones bruscas, hacia arriba y hacia atrás.

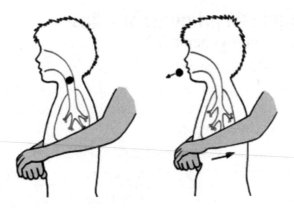

Figura 5. Maniobra para el atragantamiento en niños mayores de un año.

¿Qué no hacer?

- Agitar al bebé o cogerlo de los pies. Es una reacción frecuente pero muy peligrosa en niños menores de un año. Al agitarlos, podemos provocar «el síndrome del niño agitado»; al ser inmaduros, podemos provocar una hemorragia a nivel cerebral.

- Si tose, dar golpes en la espalda o intentar sacar el objeto. Mientras el niño tosa fuertemente, acompañarlo y no ponerlo nervioso. En la mayoría de las ocasiones la tos resuelve el problema.

- Utilizar compresiones abdominales (maniobra de Heimlich) en niños menores de un año por el elevado riesgo de provocar lesiones internas.

- Intentar extraer el cuerpo extraño si no lo vemos. Al intentar sacarlo, podemos introducirlo en las vías respiratorias.

- Ante atragantamiento con líquidos no hacer nada. En niños menores de un año, con líquidos espesos como la mucosidad pueden quedarse sin respiración durante segundos y no ser capaces de toser, en estos casos también hay que actuar.

Botiquín de primeros auxilios
¿Dónde tener el botiquín?

- Fuera del alcance de los niños. Lo mejor es ponerlo en alto, lejos de zonas en las que se pueda trepar (por ejemplo, encima del váter en el baño, suele ser un sitio habitual y los niños pueden trepar).

- En un lugar seco y protegido de la luz. La mayoría de los medicamentos deben ser conservados en estos lugares.

- No es necesario que estén cerrados con llave porque da una falsa sensación de seguridad.

¿Qué cosas debe contener un botiquín?

Instrumental

• Termómetro de galio y/o digital (Ver apartado «¿Qué termómetro usar?», de este capítulo).

• Tijeras, deben ser de uso exclusivo del botiquín. No es recomendable usar las de la cocina o las de hacer manualidades.

• Pinzas limpias, no es necesario que sean estériles.

• Jeringas de diferentes tamaños. Es útil para la administración de medicamentos y lavados nasales.

Para las heridas y golpes

• Guantes desechables. Es lo más importante en un botiquín. Siempre que limpiemos una herida tenemos que usarlos para protegernos a nosotros mismos y al niño que vayamos a curar. Muy importante cuando nuestros hijos tienen cierta edad y traen a sus amigos a casa.

• Tiritas de diferentes tamaños por si necesitamos tapar heridas.

• Gasas estériles para la limpieza de heridas, para hacer presión si una herida sangra mucho y usadas con esparadrapo si necesitamos tapar una herida grande.

• Esparadrapo.

• Suero fisiológico estéril en monodosis para lavado ocular.

• Suero fisiológico estéril en formato grande (250 ml o 500 ml) para lavados nasales y limpieza de heridas cuando estemos fuera de casa y no tengamos acceso a agua corriente.

• Jabón líquido neutro para la limpieza de las heridas.

• Clorhexidina en espray para piel. Es un buen desinfectante y es económico. Hay diferentes formatos, a mí particularmente me resulta muy práctico en espray porque es fácil de aplicar sobre la herida.

- Clorhexidina en espray o gel para la boca. Es de utilidad para golpes en el interior de la boca.
- Vendas de gasa y elásticas para comprimir o tapar una herida de gran tamaño.

Medicamentos de uso habitual

- Paracetamol. Es un buen analgésico (para calmar el dolor) y antipirético (para bajar la fiebre). Cuidado con dar más dosis de la recomendada.
- Ibuprofeno. La principal diferencia con el paracetamol es que es antinflamatorio (combate la inflamación). Pero también es analgésico (para calmar el dolor) y antipirético (para bajar la fiebre).
- Suero oral hiposódico. Se usa para los vómitos y/o diarrea o ante cualquier situación en la que haya riesgo de deshidratación.

Precauciones

- En casa solo debemos conservar los medicamentos de uso habitual. Aquellos que hayamos tomado de forma puntual por preinscripción médica, una vez finalizado el tratamiento deben ser llevados al punto Sigre de la farmacia. Es importante para evitar ingestiones accidentales, ingestiones de medicamentos caducados y para cuidar el medio ambiente.
- Guardar los prospectos de todos los productos.
- Revisar el contenido del botiquín al menos un par de veces al año.

- Si tiramos los envases, apuntar siempre en los blísteres con rotulador indeleble la fecha de caducidad y el nombre del producto, si no figuran.

¡Socorro los virus de la guardería nos invaden! No puedo más. Mi experiencia como madre
Desde que empezó la guardería está todo el tiempo enferma

Las ojeras me llegan a los pies, razón por la cual tengo el blog medio abandonado. Podría decir que «la vida no me da para más». Vamos de virus en virus y tiro porque me toca desde que empezó la guardería.

Todos los virus pasan por casa

Bolita empezó la escuela infantil el 1 de septiembre, pero realmente se pasa más tiempo en casa que allí. Hemos pasado por todos los tipos de virus: con y sin fiebre, mocos de todos los colores, vómitos solos o con diarrea, tos, llagas en la boca, entre otras. Ni un solo virus se ha olvidado de nosotros, todos han pasado por casa. Afortunadamente, nos ahorramos las visitas al pediatra y, aun sabiendo que no son graves, sufres por verlos enfermos y te preguntas por qué tu pequeño tiene esa extraña habilidad de pillarlo todo. A eso hay que unirle la falta de sueño, el tener que ir a trabajar todos los días, el no dormir más de tres cuartos de horas seguidos y el tener que mantener el tipo con una sonrisa, haciendo como que no pasa nada, cuando lo que deseas es meterte en la cama tú y poder descansar algo.

Son etapas que hay que pasar y pueden llegar a ser extremadamente duras y desesperantes, más si cabe cuando no existe alternativa y es obligatorio que el pequeño en cuestión vaya a la guardería sí o sí.

¿Qué debo saber?

Aquí os dejo reflexiones pediátricas, que aunque como madre no consuelan demasiado, sí que al menos tranquilizan:

La mayoría de las infecciones son víricas y encadenan unas infecciones con otras

Llegan y se marchan con la misma «elegancia». Provocan síntomas múltiples con fiebres variables, pero, en general, no entrañan riesgos para el niño. No existe tratamiento específico; los antibióticos no hacen nada contra ellos. Hay que pasarlas, pero sí es necesario tratar los síntomas (la fiebre, los vómitos. la diarrea...).

Aunque lleve con fiebre desde hace 15 días, si un día estuvo afebril (sin fiebre) y empezó con mocos y ahora es diarrea, son procesos infecciosos diferentes. Sí, encadenan virus, son así, capaces de pasar todo el invierno con mocos, de ahí les viene el nombre.

Los niños contagian a los padres sus virus

Es probable que parte de las infecciones se terminen pasando a los padres. Duermes con ellos, te pegan los mocos, te vomitan encima... Los profesionales que trabajamos con niños menores de tres años, incluidos los pediatras, durante el primer año solemos encadenar virus tras virus.

Hay que «fabricar» las defensas

El niño tiene que pasar las infecciones para crear sus defensas y aunque suene «a tópico de pediatra que quiere calmar a una madre preocupada», es la pura realidad. Es más, es cierto que cuanto mayor sea el niño cuando empiece la guardería mayor capacidad para defenderse tendrá, pero el primer año que un niño se relaciona de forma más continuada con otros niños, sea de guardería o ya en el colegio, suele estar lleno de procesos que tienen como protagonista la fiebre.

Sufrimos al ver a nuestros hijos enfermos

Duele mucho ver a un hijo enfermo, se pasa fatal y, cuando encadena uno con otro, llega un momento que no sabes dónde estás, que te preguntas por qué y qué hiciste para merecerlo. Son sentimientos normales que todos los que somos padres tenemos.

Busca ayuda y plantea alternativas si es posible

No significa sacar al peque definitivamente de la guardería, pero sí buscar apoyos si la cosa se pone muy cuesta arriba, para que puedan cuidar al bebé y a los cuidadores.

Olvídate de hacer planes a largo plazo

Puede ser que esa cena de amigos que lleva meses planeada se cancele porque, por enésima vez en este mes, el peque vuelve a estar enfermo. ¿A qué os suena?

No te exijas demasiado

Bastante tienes con mantenerte en pie y poder «trabajar» o «sobrevivir».

¿Se termina? Todos dicen que sí, habrá que creerlo.

Dedicado a todos esos padres y madres que, como yo, están viviendo la dura prueba del primer año de cole o guardería y a todos mis residentes de primer año que ellos mismos pasan por los virus de los pacientes que tratan.

Publicado en www.mimamayanoespediatra.es el 28 de septiembre de 2015 (madre mía ¿llevaba solo 28 días en la guardería y ya había pasado por todo eso? Fue mucho peor de lo que recordaba).

Bibliografía

Asociación Española de Pediatría de Atención Primaria, s.f. *Familia y Salud.* [En línea] Disponible en: http://www.familiaysalud.es/ [Último acceso: 26 octubre 2017].

Asociación Española de Pediatría, s.f. *EnFamilia.* [En línea] Disponible en: http://enfamilia.aeped.es/ [Último acceso: 26 octubre 2017].

Casado Flores, J. & Jiménez García, R., 2017. *Guía práctica de primeros auxilios para padres.* Majadahonda (Madrid): Ergon.

Esparza, M. J. y otros, 2016. *Guía para padres sobre la prevención de lesiones no intencionadas en la edad infantil.* Madrid (Madrid): Asociación Española de Pediatría.

Estrada Ballesteros, C., Esteban Escobar, C., García Rubio, P. & Lorente Castro, B., 2008. *Guía para la prevención de accidentes en centros escolares.* Madrid(Madrid): s.n.

Hospital Sant Joan de Déu Barcelona, s.f. *Faros.* [En línea] Disponible en: http://faros.hsjdbcn.org/es [Último acceso: 26 octubre 2017].

Mintegi, S. & Grupo de trabajo de intoxicaciones de la SEUP, 2012. *Manual de intoxicaciones en pediatría.* Tercera ed. Majadahonda (Madrid): Ergon.

Monsieurs, K. G. y otros, 2015. European Resuscitation Council Guidelines for Resuscitation 2015: Section 1. Executive summary. *Resuscitation,* 29-31 Octubre. Volumen 95.

Sociedad Española de Urgencias de Pediatría, 2016. *Hojas informativas para padres.* [En línea] Disponible en: https://seup.org/padres.html [Último acceso: 26 octubre 2017].

EPÍLOGO

Era una tarde soleada de primavera, las flores comenzaban a decorar los jardines y el olor era una suave mezcla de innumerables aromas. Era el primer día, después de varias semanas, en el que no llovía, y la playa estaba repleta de gente deseosa de aprovechar el espectáculo que supone una puesta de sol junto al mar. En la orilla se mezclaban familias jugando con sus hijos, hijos que paseaban con sus padres ancianos, nadadores, corredores, lectores, amigos, los que disfrutaban de la soledad…

Valentina estaba haciendo un castillo de arena con su hijo de un año, en realidad ella lo hacía y él se dedicaba a destruirlo con sus pequeñas manitas. Cada vez que su pequeño destrozaba algo, una carcajada sonora salía de sus labios y ella no podía dejar de acompañarlo con una sonrisa y una mirada cómplice. El reloj se detuvo, no sabía cuánto tiempo llevaban haciendo lo mismo, comenzaba a anochecer y el pequeño comenzaba a frotarse los ojos, signo inequívoco de que el sueño se apoderaba poco a poco de él. Valentina comenzó a recoger sus pertenencias para volver rápidamente a casa.

—¿Valentina?

Escuchó su nombre a sus espaldas. Se giró y aunque al principio le costó reconocerlo, estaba segura. Madre mía, no podía creerlo, ¡era Sergio! Con menos pelo, pero el tiempo no había pasado por él, seguía teniendo la misma cara de pillo que 20 años antes.

—¡Sergio! ¡Cuánto tiempo!

Ella tuvo que cambiar de colegio y perdieron el contacto. Sergio era el mejor amigo de Valentina hasta los 14 años, se sentaban juntos porque Valentina parecía «un alma cándida» y los profesores creían que era una buena influencia para Sergio, pero ambos sabían que no era cierto; Valentina era la que siempre ideaba el plan para saltarse las últimas horas de clase.

Ambos se fundieron en un abrazo y eran tantas las preguntas que se pisaban las frases el uno al otro.

—¿Cómo te va? —logró preguntar finalmente Valentina.

—Bien —contestó Sergio lacónico—, un poco cansado, la verdad. Acabamos de tener un bebé, hace un par de meses. Veo que tú también tienes un niño, ¿qué tal vas?

—Bueno… —una imperceptible sombra de duda cruzó la cara de Valentina—, la verdad es que es un niño muy bueno. Creo que la maternidad y el tener un niño es lo mejor que me ha pasado.

—¡Qué suerte!

—Sí —dijo Valentina con una sonrisa. Se había sentido juzgada tantas veces que decidió poner la mejor de sus sonrisas y contar solo las bondades de la maternidad y lo afortunada que se sentía de tener un hijo—. Duerme fenomenal, casi desde el primer día aguanta toda la noche. Lo dejo en la cuna y se duerme solito.

—¿Ah, sí? La nuestra se despierta... no sé... cada hora.

—Bueno, seguro que en cuanto se adapte un poco a la nueva situación duerme más, no te preocupes.

—Eso espero... ¿Y qué tal come?

—¡Ah, muy bien! —respondió Valentina—. Desde el primer día se enganchó perfectamente al pecho y no tuve ningún problema. Con el biberón tampoco ha puesto nunca pegas, incluso aunque se lo diera otra persona. Y ahora come muy bien; puré, fruta, pan, ¡lo que le eches!

—Vaya... —Sergio se movió inquieto sobre sus pies—. ¿Y cómo es? La nuestra solo quiere brazos, y si no la cogemos llora. No sabemos si está mala o qué le pasa. La llevamos al pediatra cada dos por tres y dice que no tiene nada.

—No me puedo quejar, la verdad, creo que he ido al pediatra solo para las revisiones. Nunca se queja ni nada. Lo dejo en el suelo o en el carrito o donde sea y se entretiene con cualquier cosa. Es un niño muy noble. A lo mejor, ya sabes, se dice que las niñas son más brujas, «je je».

—Je, je —sonrió Sergio sin mucha convicción—. ¿Tienes ayuda de la familia? A nosotros vienen a echarnos una mano mis padres o mis suegros, pero hay veces que...

—¿Qué? —preguntó Valentina intrigada.

—¡Puf!, hay veces que me dan ganas de mandarlos a tomar viento. Critican todo lo que hacemos, que si la estamos acostumbrando a los brazos, que si se pasa el día en la teta, que nos toma el pelo… Yo a mis padres les digo que se callen, claro, pero a mis suegros me da cosa.

—Pues vaya. Yo la verdad es que no puedo poner pegas. La familia siempre está ahí para ayudar, pero sin meterse en nada.

—¿Y cómo llevas el trabajo? A mí me cuesta la vida levantarme e irme al trabajo. Me cuesta concentrarme, y eso que la mayor parte de la noche la niña es para mi mujer. Aun así, me siento mal diciéndolo, pero para mí es un alivio y una liberación ir al trabajo. En ese tiempo consigo desconectar de la niña.

—Al principio cuesta, es normal, pero luego enseguida te adaptas, ya verás. Yo en el trabajo muy bien, tengo flexibilidad y cuidan mucho la conciliación familiar. Estoy muy contenta.

—Bueno, espero que la cosa mejore, porque hay días que pienso que ya no puedo más —dijo Sergio con expresión sombría—. A veces pensamos que nos hemos equivocado teniendo niños, que no valemos para esto. Además, mi mujer hay veces que está muy rara, no tenemos tiempo ni de hablar.

Valentina se dio cuenta de lo que había hecho cuando el rostro de Sergio palideció y tornó a un gesto serio y reflexivo. Se sentía francamente mal, pero ya era demasiado tarde para contarle la realidad y el porqué decidió hace mucho tiempo guardarse las «verdades» para ella, salvo que fuese estrictamente necesario…

—Seguro que mejora —adujo Valentina—, dan trabajo, pero también dan muchas alegrías. Oye, me tengo que ir, que este tiene que cenar e irse a dormir, que está cansado.

—Claro, perdona por entretenerte.

—¡Qué va! Me ha encantado volver a verte. Oye, dame tu teléfono y quedamos algún día con los peques.

Se despidieron con un beso en la mejilla, se intercambiaron el número de teléfono y prometieron que se llamarían para volver a verse.

A Valentina se le hizo eterno el camino de vuelta a casa. No podía dejar de pensar en el daño que le había hecho sin querer a su amigo de la infancia y recordó cómo se sentía cuando ella recién parida se topaba con alguna persona que le contaba solo «el lado bueno» de ser padres. Se preguntó por qué lo había hecho y con qué objetivo y la realidad es que no obtuvo respuesta.

Sin darse cuenta, Valentina había desarrollado un mecanismo de protección. Su hijo no tenía un carácter fácil, era irritable y le costaba adaptarse a los cambios. Con cierta frecuencia cuando contaba su realidad, le quedaba la sensación de que no era una buena madre y estaba cansada de escuchar reproches de gente que casi no conocía. Esta era la mejor manera que había encontrado de protegerse.

Valentina tomó la decisión de que no volvería a juzgar a nadie por el comportamiento de sus hijos y que a partir de ahora sería sincera, aunque los detalles los guardaría para las personas de confianza.

Después de una hora para conseguir que el pequeño se durmiera, Valentina se repantingó en el sofá del salón destrozada. Cogió su teléfono y, tras unos segundos de duda, marcó un número.

—¿Sergio? Soy Valentina…

FICHAS RECORTABLES

FICHA 1

Golpes en la cabeza

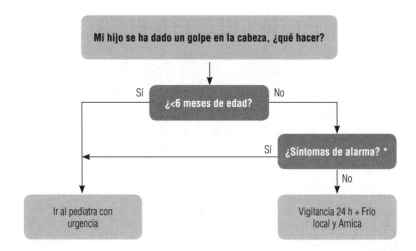

* Convulsión, pérdida de conocimiento, vómitos persistentes, somnolencia, dificultad para andar, líquido claro por la nariz, sangrado por el oído.

FICHA 2

Quemaduras

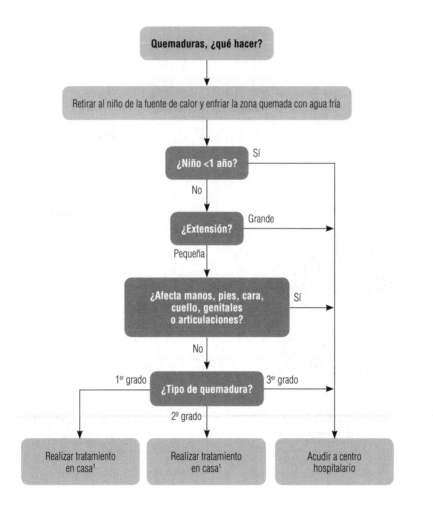

FICHA 3

Heridas

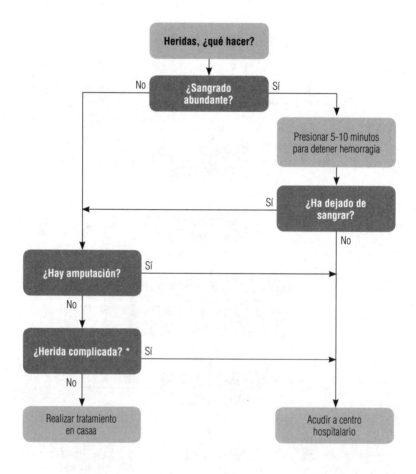

Heridas, ¿qué hacer?

¿Sangrado abundante? — No / Sí

Presionar 5-10 minutos para detener hemorragia

¿Ha dejado de sangrar? — Sí / No

¿Hay amputación? — Sí / No

¿Herida complicada? * — Sí / No

Realizar tratamiento en casaa

Acudir a centro hospitalario

---

*Herida complicada es una herida grande o profunda que pueda requerir puntos o con signos de infección.

FICHA 4

Intoxicaciones

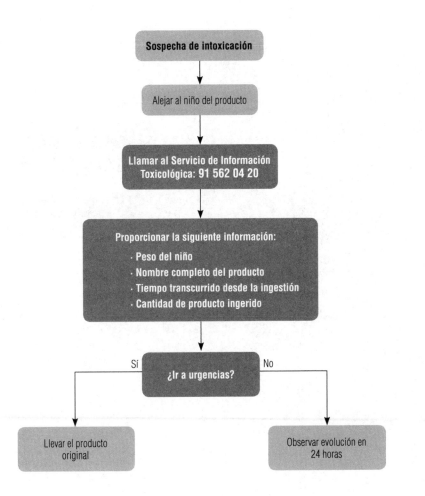

FICHA 5

Fiebre

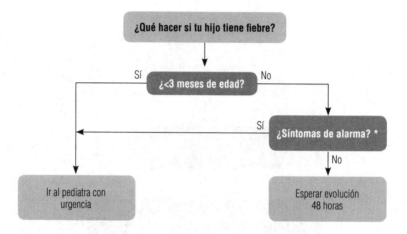

FICHA 6

Convulsión febril

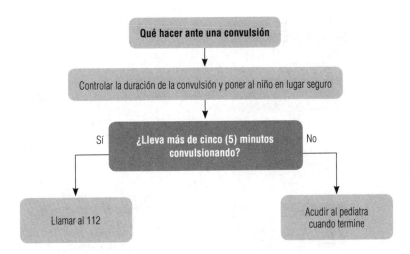

FICHA 7

Vómitos

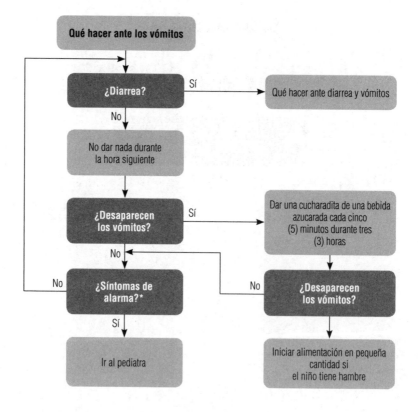

* Síntomas de alarma: <3 meses ha vomitado dos o más tomas, vómito con sangre, color verdoso en varias ocasiones. Dolor importante de cabeza o barriga, llora mucho. está adormilado, decaído, tiene mucha sed, los ojos hundidos, llora sin lágrimas u orina poco (esto indica que puede estar empezando a deshidratarse).

FICHA 8

Diarrea

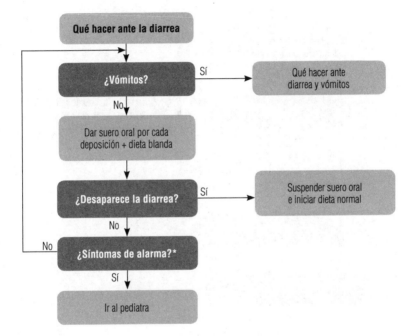

* Heces con sangre o pus, adormilado, decaído, tiene mucha sed, los ojos hundidos, llora sin lágrimas u orina poco (esto indica que puede estar empezando a deshidratarse).

FICHA 9

Vómitos y diarrea

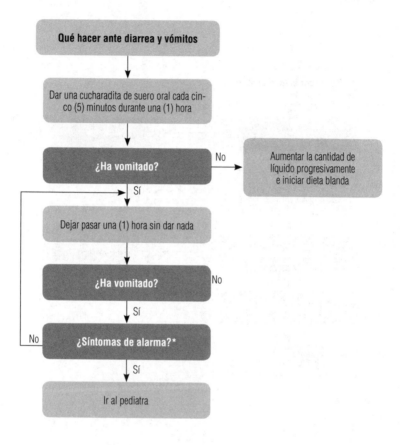

Qué hacer ante diarrea y vómitos

Dar una cucharadita de suero oral cada cinco (5) minutos durante una (1) hora

¿Ha vomitado? — No → Aumentar la cantidad de líquido progresivamente e iniciar dieta blanda

Sí

Dejar pasar una (1) hora sin dar nada

¿Ha vomitado? No

Sí

¿Síntomas de alarma?* — No

Sí

Ir al pediatra

---

* Si el niño es menor de 3 meses y ha vomitado dos o más tomas. Si los vómitos son verdosos en varias ocasiones o contienen sangre. Si presenta los siguientes síntomas: está adormilado, decaído, tiene mucha sed, los ojos hundidos, llora sin lágrimas u orina poco (esto indica que puede estar empezando a deshidratarse). Si le duele mucho la cabeza, la barriga o llora mucho. Heces con sangre o pus.

FICHA 10

Atragantamiento

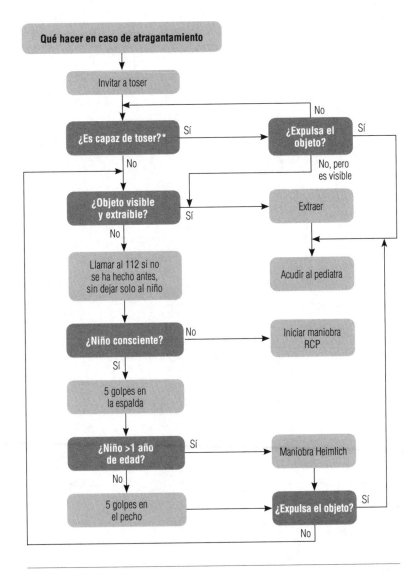

** Se considera que el niño es capaz de toser si está consciente, llora o puede hablar, tiene tos ruidosa y es capaz de coger aire antes de la tos. Si el niño está consciente pero no puede hablar ni respirar, tiene tos débil o ausente y coloración azul, se considera que no es capaz de toser.